近代公教育の陥穽《おとしあな》

―「体罰」を読み直す―

鈴木麻里子・前田聡・渡部芳樹

流通経済大学出版会

はじめに

二〇一三年年明け、新学期が始まったばかりの一月九日のことである。その後の学校教育にとって大きな転換を生じさせることになる事件が大きく報道された。大阪市立桜宮高等学校において発生した体罰と、それによる生徒の自殺という非常に痛ましい事件である。この事件はそれまで教育界に漠然と存在していた「体罰」に対する容認の態度をあぶり出し、学校教育法第一一条に掲げる体罰禁止条項を、あたかも無視するような指導法が結果として横行していたという現状を露呈することとなった。そして、それまでは全く（知識として体罰は禁止されているとわかっていても）「問題」ではなかった「体罰」が、明らかな「問題」として認知された瞬間でもある。

桜宮高校における体罰問題は、その後全国の学校を巻き込み、教育現場で起こる体罰を糾弾していった。それは時として部活動をはじめとしたスポーツ指導に焦点があてられて語られることもあった。おりしも同じ月の一月三〇日には女子柔道強化選手一五人が、全日本女子ナショナルチームの監督及び指導者による暴力などのハラスメントがあったとして、日本オリンピック委員会（ＪＯＣ）に告発文を提出したことが報じられた。この事件を皮切りに、柔道界をはじめとしてスポーツ界においては指導者によるハラスメントが問題となり、スポーツ指導の在り方が問われるという社会現象を巻き起こした。スポーツ界に横たわっていた、指導者による威圧的な指導方法、体罰の横行、滞った組織体制などが告発され、組織の代表者への責任追及、そして理事長退任など、組織的な体制の改編が求められていった。

桜宮高校体罰問題も、バスケットボール部で発生（その後の調査でほかの部活動においても体罰があったことが確認されている）したといういきさつから、スポーツ界に沸き起こった体罰問題の一つとして語られることもある。確かにこの問題はスポーツと体罰の側面から捉えることが妥当なのかもしれない。

しかしながら、本著の立脚点はあくまで学校教育をはじめとした「公教育」にある。桜宮高校の体罰はバスケットボール部という学校内部での指導中に起きた事案であるということ、つまり学校教育の中で起こったという点に重要な意義を見出すものである。そもそも部活動を学校教育とみなしてよいのか、という意見もあろう。少なくとも、現状においては学校の部活動は学校教育の一部としてその位置づけがある。その根拠としては、平成二一年告示の学習指導要領において「生徒の自主的、自発的な参加により行われる部活動については、スポーツや文化及び科学等に親しませ、学習意欲の向上や責任感、連帯感の涵養等に資するものであり、学校教育の一環として、教育課程との関連が図られるよう留意すること」（傍点筆者）と明記されたことがあげられる。また、二〇〇七年中央教育審議会答申「今後の教員給与の在り方について」の中には次のように述べられている。

「現在、部活動は、教育課程外に実施される学校において計画する教育活動の一つとされている。部活動指導は、主任等の命課と同様に年度はじめに校長から出された「部活動の監督・顧問」という職務命令によって命じられた付加的な職務であり、週休日等に四時間以上従事した場合には部活動指導業務に係る教員特殊業務手当（部活動手当）が支給されている」（傍点筆者）

以上の現状を鑑みても、もはや部活動は学校外の教育ではありえない。その部活動において起こった「体罰」はつまり、学校教育で発生した「体罰」に他ならない。そのことからも、我々はこの桜宮高校で発生した体罰を、スポーツ界で起きた「体罰」としてとらえるのではなく、学校という近代教育制度の内部で発生した体罰ととらえ、さらにはその根本的な問題は、近代公教育の中に潜んでいるという立場をとるものである。

さて、本著は三人の共同執筆者によって構成されている。実は、この研究を始める以前から、我々三人には共通点があった。我々が所属する大学において毎年行われている教員免許更新講習で、いずれも講師として現職の先生方と接しているという点である。教員免許更新講習というわずかな期間ではあるが、実際に現場の先生方とふれあう中で、学校現場には教員自身も理解しがたい、何か奇妙な「感情」が存在しているのではないか、という疑問が我々に共通して生じた課題であった。それは、例えば体罰のような問題を話すときに顕著に見られた。先生方は当然のことながら、体罰が禁止されていることは十分に熟知されている。しかし、その一方で体罰を禁止されると(全員ではないが)先生方は指導の面で若干のやりにくさを感じてしまうといった、「もやもや」とした感情を持っている、というものである。あるいは、昨今の教育改革の動向について話した時、もちろん先生方はその必要性は重々に理解してはいる。しかしそれらのものがまったく現実味のあるものとは感じられず、目の前にある教育上の問題ばかりが目につき、結局は教育改革が無意味なものに感じてしまうというようなものでもあるかもしれない。つまり、頭では理解しているが、教員の「感覚」のようなものがそれを拒否しているという、非常に言葉では表現しにくい「感情」のこととでも言うべきであろうか。いずれにしても、我々が共通して認識したことは、近代公教育の担い手としての現職の教員たちが、今まさに岐路に立たされているということである。

視点を少し大きな観点に移してみたところ、実は近代学校教育制度そのものに、その課題の根源があるのではないか、という認識に至った。近代学校制度は、近代化する社会システムを構築する上で非常に重要な装置であることは言うまでもない。しかし、近代化のための装置としてあるはずの学校教育が、社会の近代化が進むうちに、何かが抜け落ち、社会からむしろ取り残されたシステムとなってしまっているのではないか。その「何か」は様々な議論があろう。しかし、「何か」が抜け落ちたことで、学校教育のあらゆる局面で齟齬が生じてきていることは確かな実感としてある。それは近代化する学校と、「近代化」という幻影に縛られて身動きの取れなくなったシステムとの駆け引きの末に現れたようにも見える。その結果、学校教育に「歪み」が生じ、いつのまにかその「歪み」が陥穽《かんせい》――落とし穴――を作り出してしまったのではないか。それこそがまさに教員たちがもつ奇妙な「もやもや」とした感覚なのではないか。我々の議論はそうして、近代教育の陥穽に着眼することに集中していった。

このような共通の課題認識と議論があったところに、桜宮高校の体罰による自殺という悲しい事件が発生したのである。

そして我々は、その落とし穴の一つが、「体罰」に現れているのではないかという仮定を設定し、近代教育の「歪み」を、「体罰」の側から検討するという試みを行うことにした。そのことからも本研究の大部分は「体罰」に関することで構成されている。「体罰」という事象を取り巻く「課題」をより深く読み解くことを通して、教育現場に開いた落とし穴を探っていこうとする試みである。

本研究を進める上で、我々は二〇一三年三月から毎月研究会を重ねてきた。その際我々三人の共通概念として、『「体罰」は絶対にしてはいけないもの』という考えにとらわれずに思考していくことを確認した。誤解していただきたくないが、我々は決して「体罰」を容認する立場ではない。無論のこと、体罰はあってはならないと固く信じ、体罰によらない教育こそが近代教育のあるべき姿であると疑わない。しかし、そこになんの疑念も持たず、最初から価値を置いてしまうことこそ、近代公教育が陥ってしまっている課題が何ら解決できない理由であると考えた。時には体罰を容認する立場をとりながら、体罰を容認するということは何を意味するのかを考え、この問題に取り組んできた。

この共通概念のもと、第一章の「それでも体罰が止まらない」(鈴木麻里子)では教育行政の立場から、体罰に係る懲戒処分の現状とそこから見られる「体罰」概念の教育行政的な整理、そして桜宮高校以後変容する教育現場の体制について述べる。第二章「学校教育法が禁止する「体罰」とは」(前田聡)では、法学の立場から、学校教育法一一条の解釈をもとにと、これまでの体罰に係る判例を通して体罰と教員に与えられた懲戒権を法的に論じていく。第三章「近代教育における「体罰」の意味」(渡部芳樹)では、これらの現状を踏まえたうえで、教育哲学の立場から、近代公教育の歪みとして現れた「体罰」の概念を再検討し、近代公教育の抱える病理を述べる。そして第四章において、各章で述べたことをもとに、「体罰」を例に、近代公教育の抱える問題を再度浮き彫りにし、それぞれの立場から結論を述べることとした。

なお、本著を手にしていただいた読者の方々の多くはおそらく教育に何らかの関心のある方であると推察する。教育現場は今や激務の一途をたどる中で、本著を手にしていただいたことを光栄に思う。そのような読者の方々にお伝えしたい。もちろん一章から読み進めていただくに越したことはないが、本著の構成の特徴として、一章から三章においてはそれぞれの「結論」をあえて述べることをしていない。

三者が三様にそれぞれの視点で「体罰」を検討することを一章から三章のテーマとした。そしてそれを受けて、四章にて三者の意見を統合し結論付けてみようという試みである。時間的な余裕のない方や、先に「結論」をお知りになりたいという方は、ぜひ四章から読んでいただきたい。そして興味を持っていいただいた際に、関連する章に戻って読んでいただくことをおすすめする。

本著は、学術研究を目的とすると同時に、現在学校現場でご活躍されている教職員の方々が抱える課題解決の一つの方策を提示することも目的としている。実はこれは非常に困難な作業であった。なぜなら、現場で奮闘されている先生方から「こんなものは机上の空論でしかない」というご批判を受けてしまうのではないか、という懸念が常に我々にあったためである。自戒の念を込めて言うが、我々は決して熟達した研究者ではない。未熟な研究内容に、多くのご批判をいただくことは覚悟の上である。しかし、それでも現場の先生方が抱える課題に少しでも寄り添い、思いを共有し、解決の糸口になりたいという研究の初志は貫徹したつもりである。是非現職の先生をはじめ、これから教員を目指す学生、スポーツの指導者、そして子供をもつ保護者の方々に、本著を手に取ってもらい一読していただきたい。

最後に、何よりも我々は子供たちが幸せな学校教育を受けられることを願い、本著を記した。多くの方々に共感していただければこれほど幸いなことはない。

二〇一四年　一〇月

執筆者を代表して　　鈴木麻里子

目　次

はじめに……iii

第一章　それでも体罰は止まらない……鈴木麻里子　1

はじめに……3
第一節　桜宮高校体罰事件……4
第一項　桜宮高校体罰発生と生徒の死　5
第二項　大阪市教育委員会外部監察チームによる調査　6
第三項　桜宮高校体罰事件で見えたもの　12
第二節　体罰と懲戒処分……13
第三節　「わいせつ行為」と「体罰」……23
第一項　わいせつ行為と体罰の行政処分の比較　23
第二項　横浜市における懲戒処分標準例　25
第四節　体罰の実態把握―文科省調査より―……31
第五節　桜宮高校体罰事件のその後―体罰根絶ガイドライン―……36

第一項　文部科学省　36
第二項　大阪市教育委員会　44
第六節　「体罰」を「指導」から分離する―おわりに―……48

第二章　学校教育法が禁止する「体罰」とは何か
―『体罰』の禁止」をめぐる法規範と問題点―……前田　聡　55

第一節　はじめに……57
第一項　問題の所在　57
第二項　本章の構成　60
第二節　学校教育法一一条本文―教員の生徒に対する「懲戒」―……61
第一項　教員の生徒に対する懲戒権（学校教育法一一条本文）　62
第二項　親の懲戒権（民法八二二条）との対比　68
第三節　学校教育法一一条但書の背景……72
第一項　学教法一一条但書の歴史的背景　72
第二項　戦前における体罰禁止規定を巡る裁判例　74
第四節　「体罰」禁止をめぐる法規範の現在（1）―行政解釈―……78
第一項　初期の行政解釈―「児童懲戒権の限界について」（一九四八年）を中心に―　79

第二項　近時の行政解釈　81
第三項　行政解釈における「体罰」　83
第五節　「体罰」禁止をめぐる法規範の現在（2）—裁判例—……84
第一項　初期の裁判例　85
第二項　「体罰の範ちゅう」に入らない「有形力の行使」という考え方　92
第三項　体罰禁止規定の趣旨の「深化」　100
第四項　最高裁平成二一年四月二八日第三小法廷判決　104
第五項　裁判例の傾向　107
第六節　「体罰」禁止をめぐる法規範の現在（3）—学説—……109
第一項　「学校法一一条但書が体罰を禁止する理由」についての学説　110
第二項　「学校法一一条但書が禁止する体罰とは何か」についての学説　115
第七節　若干の考察……119
第一項　「体罰」概念の広汎性　120
第二項　「体罰」と「有形力の行使」　122
第三項　「懲戒」と「体罰」—体罰禁止規定を再考する必要性—　124
第八節　むすびにかえて……127

第三章　学校教育における体罰の思想……渡部芳樹　141
第一節　体罰の思想とその問題……143
第一項　本章のねらい　143
第二項　本章の内容　146
第二節　体罰とは何か……147
第一項　体罰の禁止　147
第二項　懲戒と体罰　149
第三項　有形力の行使　154
第三節　体罰をめぐる観点……157
第一項　体罰肯定論　158
第二項　体罰否定論　165
第三項　体罰肯定論と体罰否定論の親和性　174
第四節　体罰をめぐる教育的効果の観点から近代公教育の原理の観点へ……179
第一項　体罰の教育的効果と状況依存性　180
第二項　近代公教育の原理の観点へ　182
第五節　心の靄を晴らす試み―おわりにかえて―……193

第四章 「体罰」を読み直す―各論の考察― 199
はじめに 201
第一節 教師の体罰への意識―体罰にまつわる言説― 鈴木麻里子 202
第一項 体育教員と体罰 203
第二項 「体罰＝愛の鞭」の幻想 207
第三項 「痛い目にあわないとわからない」言説 211
第四項 「体罰＝愛の鞭」言説にとらわれたスポーツの指導者たち 214
コメント 「指導」と「懲戒」の峻別をめぐって 前田 聡 217
コメント 指導としての体罰は適切か 渡部芳樹 222
第二節 学教法一一条を読み直す 前田 聡 227
第一項 はじめに―「教育上必要」な「体罰」はありうるか― 227
第二項 主観的な意図は体罰を正当化しうるか 231
第三項 教育的効果の予測不可能性と体罰禁止規定の意義 235
第四項 学校教育における「力」と「法」―今後の課題、あるいはむすびにかえて 238
コメント 「信頼関係」を「法」が裁く 鈴木麻里子 242
コメント 教育上必要な体罰はありうるか 渡部芳樹 245

第三節　体罰の思想の「その先」にある課題……渡部芳樹　250
第一項　体罰の思想とその問題　250
第二項　体罰の思想の「その先」にある課題　256
コメント　私も体罰の「共犯者」……鈴木麻里子　263
コメント　「思想としての体罰」と「法」……前田　聡　266
あとがきと謝辞……271

第一章

それでも体罰は止まらない

鈴木麻里子

はじめに

桜宮高校体罰事件報道が全国を駆け巡った二〇一三年一月以降、マスコミやインターネット上において、「この問題は桜宮高校ばかりではない」とばかりに、各地の学校の体罰を糾弾し始めた。その後報道された体罰事件は、桜宮高校体罰事件の前に比べ、異常と思えるほど多くなった。例えば、名門と知られた某市立中学校柔道部における外部指導員による体罰をはじめ、各地の高校野球部における指導中の体罰、平手打ちをした陸上部顧問もいれば、宿題を忘れた児童に平手打ちをする小学校教諭など、例を挙げれば枚挙にいとまがないほどである。もちろん、この間各教育機関が何も対応をしてこなかったわけではない。むしろ桜宮高校の事件後、各教育機関はその対応に追われ、現在においては一定の体罰に対する指針も明示されている。それにもかかわらず、体罰に関する報道は、桜宮高校の体罰事件から二年近くたった現在においても、姿を消す気配はない。我々がここ最近「体罰」に対して耳にする機会が非常に多くなった理由は、報道機関が、「体罰」に関する扱いを変えたためということも大いにある。しかしそれを差し引いても体罰が無くならない理由が別にあるように思えて仕方がない。つまり「体罰」への認識の変容が求められている現在においてもなお、体罰をやめられない教員が確かに存在しているということである。これを単に体罰をしてしまう教員の能力や資質の問題と結論づけてしまうことは容易なことであろう。しかし、本著は、これを単なる一教員の能力と結論づけてしまうことへの警鐘でもあると考えている。体罰をしてしまう教員が、「体罰に教育的効果がある」という、その思考へ迫いやっている教育環境や社会情勢、あるいは組織体制にこそ体罰がやめられない理由があるのではないか。そしてそれこそが本著のテーマである、近代公教育の陥穽――落とし穴――なのではないか。当然のことではあるが、我々は体罰を実行した教員を擁護するつもりで述べているのではない。体罰は学校教育法一一条で間違いなく禁止されており、体罰を実行することはその時点で教員として不適切な行為を行ったことに他ならない。しかし、体罰という行為を行ってしまうには、本人の体罰へのその意識形成を行った、何らかの社会的影響があるのではないか、という仮定を設け、その社会的影響を模索することが本著の目的である。

この章では、この目的にそって、まずは桜宮高校で発生した体罰問題の概要を述べることから始めたい。その上で桜宮高校事件以前と以後で、教育界に起こった変容をまとめ、さらに文部科学省をはじめとして各教育委員会等の対策の内容を述べていきたい。それらを整理することで、桜宮高校以前と以後において体罰に対する社会的な価値観の変化を述べていくこととする。

第一節　桜宮高校体罰事件

二〇一三年九月二六日、桜宮高校における体罰事件の被告である小村基元教諭に対し、懲役一年執行猶予三年の判決が下された。これは二〇一二年一二月に自殺した同校男子生徒への傷害と暴行の罪に対する判決である。生徒が死亡しているとはいえ、致死罪には該当するものではない。しかし、この事件が与えた衝撃や影響を考慮すると、この量刑が打倒なものであるとはにわかには受け入れがたかった者も多かったことであろう。その思いは遺族である両親にとってはなおさらのことであり、判決後生徒の母親は、実刑へのかすかな希望を抱いていたこと、父親は執行猶予の判決に司法の限界を感じたという趣旨のコメントを残している。両親にこれほどまでの無念さを残す痛ましい事件となってしまった桜宮高校体罰事件について、まずはその概要をみていきたい。

第一項　桜宮高校体罰発生と生徒の死

桜宮高校体罰事件が世に知れ渡ることになったのは二〇一三年一月九日のことであった。報道機関が体罰による生徒の自殺を大きく報じたのである[1]。以下、朝日新聞の報道をもとに、時系列で述べたい。

二〇一二年一二月二三日、同校体育科二年に所属し、バスケットボール部主将であった男子生徒（以下、A）が、当時顧問であった小村基元教諭から体罰を受けた翌日となるこの日、自ら首をつり自殺した。事の真相を調査するため、学校は自殺から四日後の二七日に同校バスケットボール部員五〇人に対し、アンケート調査を実施した。それによりAが日常的に体罰を受けていたことが明らかになった。顔面への殴打などの体罰を目撃していたという部員も三八人に上った。そして翌二八日には大阪市教育委員会が、小村元教諭に聞き取り調査を実施した。ここで小村元教諭は自らの体罰の事実を認め、Aへの体罰の理由を「実力があるのに試合で力が発揮できない選手を発奮させたかった」と述べている。しかしこの時点での大阪市教育委員会は体罰と自殺の因果関係は「断定できない」と回答するに留めている。

その一方で大阪府警は捜査一課の捜査員を派遣することを決め、それによって教育上の問題から、刑事事件へと発展した。

一方Aの家族は、自殺する一週間ほど前からAの様子の変化に気づいていたという。表情が暗くなった息子に対し、抱いている思いを文字でつづることを提案した。結果的にその文章は顧問への手紙となったわけだが、その内容には、「なぜ僕だけ言われるのか」「つらい」「厳しい」などと書かれており、特に顧問からの体罰は主将であるAに集中していたこともわかった。[2]

大阪市教委は、弁護士らによって構成された外部監察チームを設置し、体罰の期間や対象を過去にさかのぼって調査することを決定し、[3]文部科学大臣は大阪市教委を指導する必要があるとして「ヤンキー先生」として知られる義家弘介政務官を派遣することを表明した。[4]

義家政務官は一月一五日に大阪市役所にて教育委員長らと面談し、事実解明を直接指導した。一時間以上にわたる会談終了後、義家政務官は、ミスをしたらコート一〇週しろという指示は「ありえる体罰」ではないかとも述べているが、その一方で「だが、気合いを入れるために平手打ちするなんて異常だ」とも述べている。そのうえで、学校の部活動では、体罰を暴力の具体的な線引きがなされてこなかったことを指摘し、今後は文科省にて議論を行うこととした。[5]

第二項　大阪市教育委員会外部監察チームによる調査

大阪市教育委員会が設置した外部監察チームは、一月三一日付と三月一五日付で報告書を提出し、さらに四月三〇日に「問題点の確認」として最終報告書を提出した。以下は外部監察チーム報告書より、より明らかにされた小村元教諭とAの体罰の実態の概要を述べたい。なお、大阪市教委外部監察チームの報告書について、最終報告書は同市HPに公表されていることは確認できたが、それ以前の報告書に関しては同市HP上での公開が確認できないため、報道資料を参照した。

外部監察チームが一月三一日付で提出した報告書を受け、大阪市教育委員会は二月一三日、小村元教諭を懲戒免職処分にし、同時に外部監察チームの報告書の全文を発表した。なお、朝日新聞をはじめ、報道各紙はこの日から小村元教諭について実名での報道に切り替えている。

外部監査チームの一月報告は、小村元教諭はもとより、Aの遺族、バスケットボール部員、同校女子バスケットボール顧問などの関係者から幅広く聞き取り調査を実施した結果を記している。この報告書全文が朝日新聞デジタルに掲載された。以下、同紙掲載内容[6]をもとに外部監査チーム一月報告の概要を述べる。

この調査で認定事実とされた体罰は四件となっている。二〇一二年一二月一八日に発生した暴力についての二件のうち一つは、桜宮高校の体育館にて行われた大学の女子バスケットボールチームとの練習試合において、Aが相手選手に飛ばされたり、ボールを奪われたりしたため、試合の合間のミーティングにおいてAの顔を平手で数回たたいた暴力（本件暴力〈1〉）である。さらに同日の試合においてAがルーズボールを取りに行かない態度を見せたため小村元教諭が、練習試合後にルーズボールを取りに行く練習をさせた。しかし、Aがボールに飛びつこうとしないため、Aの顔を平手で一〜二回たたいた件（本件暴力〈2〉）が二件目である。

次いで一二月二二日の暴力に関する事実を認定している。この日は他校との練習試合が行われた。その際にもAはルーズボールを取りにいかない態度を見せることがあったため、試合が中断した際に小村元教諭がAに「(相手選手の動きを)なんで意識しないのか」などといったが、Aが黙っていたため、Aの顔を平手で四~五回たたき、さらに試合が再開されたのちもAをベンチ横に移動させ「やるかやらんのかどっちや」と言いながらAの側頭部を五~六回たたいた。この件を「本件暴力〈3〉」とした。さらに、Aが「やります」と答えたため試合に戻らせたが、タイムアウトの際にAがベンチに走って戻ってこなかったためAの顔を平手で三回たたいた件を「本件暴力〈4〉」とした。

その事実をもとに、外部監察チームは両日における暴力に対する評価を「このような事実を斟酌すれば、本件暴力〈1〉は学校教育法第一一条に反することは言うまでもなく、正当化する余地は皆無である」[7]と述べている。本件暴力〈2〉も「本件暴力〈1〉と同様に正当化する余地はない」[8]とし、さらに本暴力〈3〉および〈4〉についても「執拗かつ理不尽であるので、本件被害者が重大な精神的苦痛を受けたことは明らかであり、これを正当化する余地は皆無である」[9]とした。そして、小村元教諭の暴力と自殺との関連性については「本件被害者を自殺に追いつめた背景となっていたと考えられる」[10]と述べ、報告書の「結語」には、「(小村元教諭による)暴力と本件自殺との間に関連性が認められる」とし、「(小村元教諭の)教育者としての責任は極めて重く、厳重な処分が必要である」[11]と結んでいる。

これを受け大阪市教委は、「顧問やほかの教員、生徒から事情を聴くなどして実態を調べた市外部監察チームの報告書と、顧問が提出した顛末書などを踏まえて処分を決定」[12]したと述べていることからも、この外部監察チームによる報告書によって、小村元教諭の懲戒免職処分が妥当であるという判断を下すのに重要な役割を果たしたことは間違いない。

一方の小村元教諭が提出した顛末書には「たたくことによって部員が成長しチームが強くなったことから、自分は間違っていないというおごりがあった。慢心だったと反省している[13]」と、自身の暴力を認める内容が記されていた。

外部監察チームは、三月一五日に二回目の報告書を提出したが、ここでは、「顧問の暴力を防げなかった[14]」として、すでに交代された桜宮高校の前校長と、さらにその前任の校長、及び現職の教頭にまでその責任を指摘する内容となっている。これを受け、大阪市教育委員会は、三月二六日付で、大阪市教育委員会事務局総務部参事となっていた桜宮高校前校長を停職一か月とし、さらに桜宮高校教頭を停職一〇日とした。大阪市教育委員会はその処分事由を「(前校長は)、平成二四年四月より、大阪市立桜宮高等学校に校長として勤務していたところ、同校における暴力行為の看過及び恒常的に存在していた暴力行為を、一切把握することなく、また、これを改善する措置を何ら採ることなく、所属職員の管理監督責任を懈怠した[15](略)」としている。同様に教頭の処分理由は「平成二〇年四月より、同校に教頭として勤務し現在に至るが、同校における暴力行為の看過及び恒常的に存在していた暴力行為を一切把握することなく、また、これを改善する措置を何ら採ることなく、所属所員の管理監督責任及び補佐責任を懈怠した[16](略)」とした。

そして外部監察チームによる責任の指摘は教育委員会へと及ぶ。四月三〇日付の最終報告[17]は「第１」の項で「体罰(暴力行為)が根絶されない理由」を「体罰等を受けた生徒及びその保護者が、体罰等に関し、これを加えた教員及び学校(管理職等)等に対して異を唱えない場合においては…(略)…教員が体罰等を行ったことは顕在化しないという事実を認めた[18]」と述べ、特に桜宮高校においてはこのような一般的傾向のほか、特殊事情が存在することを指摘した。その特殊事情とは「専門科（体育科及びスポーツ健康科学科）が存在することに起因する事情」、「教職員人事の非流動性に起因する事情」を挙げている。「専門科が存在することに起因する事情」とは、「体育系部活動が活発である反面、スポーツ指導の場においてはある程度の体罰等があって当然であるといった風潮のもとで、部活動によっては、体罰等が恒常的に行われ、保護者の中にも体罰等に寛容でこれに異を唱えない傾向があったと考えらえる[19]」というものである。一方の「教職員人事の非流動性に起因する事情」は、「とりわけ体育教員の中に桜宮高校に長期間在籍している教員が多数存在したことにより、①体育教員の意向偏重及び②体育教員への依存という弊害が生じ、これにより、体育教員による体罰等が顕在化しにくい土壌が形成されたと考えられる[20]」というものである。いずれも桜宮高校にある特殊事情に係る問題点の是正を求めており、「本件高校から体罰等を根絶するために必要不可欠である[21]」と括っている。

さらに「第3」においては教育委員会組織の問題にも言及している。特に大阪市教育委員会事務局の組織における、学校籍教員の配置について指摘している。「教務部」や「総務部」は学校籍教員の割合が〇～一二％程度であるのに比べ「指導部」は実に八〇％が学校籍教員で構成されていたというものである。そもそも教務部の役割は「学校における教育課程、学習指導その他学校教育に関する専門的事項の指導に関する事務に従事する」（地方教育行政法第一九条三項）と示され、その特質を考慮しても学校籍教員で構成されることは何ら問題ではない。しかし、ここで指摘しているのは、体罰が発生した場合、校長は「指導部」に報告するか否かを、校長裁量としていること、そして仮に校長が「指導部」に報告したとしても、「指導部」は学校籍教員であるため、校長や保護者と面識あることも想定される。すなわち、身内を守るため「体罰には当たらない」という判断を下す可能性があるという指摘である。このような事態を避けるためにも、「多角的かつ客観的な視点から、従前の学校組織や教育委員会組織のあり方を慎重に検証し、今回の痛ましい事件が二度と生じないように最善を尽くすことを切に望む[22]」と述べている。

加えて第4では「公益通報」に関する問題点について言及している。実は二〇一一年九月の時点で小村元教諭が体罰をしているという公益通報があった。この際に体罰の有無を確認しているのは管理職である元校長であった。しかし管理者が厳密に調査を行えば行うほど、管理者自身の責任問題に発展する恐れがある。また仲間意識からかばうことも想定されることから、こういった公益通報に対して指導管理体制が不適切であるというものである。また教育委員会側も、第3で述べている通り、「指導部」は学校籍教員によって構成されているため、適切な指導助言がなされているかが疑問であるとしている。さらには教育委員会事務局に「指導部」「総務部」「監察部」と複数の部署を経由して学校現場に調査報告がなされるため、情報が伝聞過程で変容していくとの指摘もなされており、調査組織の問題が浮き彫りになった。

最後に、「結語」として外部調査チームが述べている内容が意義深い。「体罰が禁止されているにも関わらず、これが今日に至るまで根絶されない根本的理由の一つは、体罰等が行われても、当該生徒及びその保護者が異を唱えない場合、これが顕在化しないままに処理されていることにあると考えられる[23]」。逆に捉えれば、体罰が行使された場合、当該生徒や保護者は不当な扱いを受けたと認識し、速やかな通報が求めるべきであるということが前提である。しかし、それができないのは何らかの理由があり、困難を伴うことと考えられることから、外部監察チームは、「学校現場におけるチェック機能が正常に機能する体制を速やかに整備する」ことや公益通報が「いわば最後の砦となっていると考えられるため、これまでの調査方法や仕組みを再検討し、速やかに改善策を講じることが必要」と締めくくっている。

第三項　桜宮高校体罰事件で見えたもの

以上、桜宮高校体罰事件の内容と、それに対する外部監察チームの報告内容を見てきた。ここからわかるのは、学校と教育委員会事務局とのなれ合い体制ともいえる現状であろう。このことは決して大阪市に限ったことではない。学校現場も教育委員会も、こと「体罰」に関しては甘い判断を下す傾向がある。ともすれば「黙認」とも取れるようなことすらあるように思える。しかしそれは学校や教育委員会だけに責任を押し付けるものではない。体罰を受けた当事者、そしてその保護者ですら、「仕方がない」「悪いのは自分だから」という言葉で体罰を受け入れ、挙句に感謝の言葉まで添えられているのだ。

桜宮高校体罰事件は、学校現場における体罰をめぐっては非常に不可解な現象があるということを世に知らしめた。そしてこの学校独自であろうと思われる体罰に対する「不可解な現象」は、われわれに一種の「気持ち悪さ」をもたらし、ともすれば学校教育への不信を助長するものとなり得るだろう。以下の節において、この「不可解さ」にさらに焦点を当ててみたい。それによって学校不信が少しでも解消されることを願うばかりである。

第二節　体罰と懲戒処分

前節で桜宮高校体罰事件の概要を見ることで、そこから見えてきた問題点を「学校教育における体罰に対する不可解な現象」と位置付けた。それらを検証するにあたり、まず日本における体罰の実態がいかなるものなのかを見ていく必要がある。それについては第四節で文部科学省が実施した体罰に関する全国調査の結果をもとに検討を加えるとして、ここではまずその実態の一部を浮き彫りにする意味で、体罰による教員の懲戒の状況に着眼したい。これは、懲戒処分を受けた教員の状況を調べることにより、学校現場やあるいは処分を下す教育委員会が体罰に対してどのような価値判断を行っているかを分析することを意味している。まずは、桜宮高校体罰事件が発生する以前のデータから検討しようと思う。

二〇一一年の文部科学省の調査によると、全国で体罰により懲戒処分を受けた教職員は四〇四人であった。処分の内容は、訓告等が二七八人、戒告五四人、減給五二人、停職二〇人であり、免職は〇である。まずは、この数字から、「体罰」に対する処分の「軽さ」とでもいうべき教育行政の価値観が指摘できるのではないだろうか。

先に教育公務員に関する懲戒処分の種類と内容について説明しておきたい。教育公務員の「懲戒処分」には重いものから、「免職」「停職」「減給」「戒告」の四段階がある。「免職」は解雇、「停職」は一定期間その職を停止すること、「減給」は一定期間給与を減額すること、「戒告」は給与上の処分はないが、任命権者である都道府県の教育長から行為を戒める内容の文書が提示される。いずれも懲戒処分は公務員の身分上の処分である。つまり多くの県費負担教職員は、その身分は任命権者である都道府県教育委員会にあるため、たとえ市町村立学校の教員であってもその処分を下すのは都道府県教育委員会となる。

ところが、「訓告」は懲戒処分ではなく、服務上の処分、つまり公務員として「全体の奉仕者として公共の利益のために勤務し、且つ、職務の遂行に当たっては、全力を挙げてこれに専念[24]」していない状況であることに対し処分されるものである。身分上の処分である懲戒に対し、「訓告」は服務上の処分というわけである。また「懲戒」は、その懲戒処分が発令される際に辞令が任命権者により交付される。つまり、その辞令の内容を教員の履歴として履歴書に記載する必要がある。それに対し服務上の処分とは、教員としての職務に著しくふさわしくない行為に対し、服務監督者から指導や助言を行うものであるから、履歴上は特に記載するものではない。なお、「諭旨免職」は本来であれば懲戒処分となっても致し方のない行為に対し、その行為の非を諭し、自主的に辞職することを勧め、その結果本人の意思により依願退職という形式で辞職を認めるものである。懲戒免職処分の場合退職金は支払われないが、諭旨免職の場合は形式上は依願退職であるため退職金は支払われることになる。

この任命権者と服務監督者の違いは、教育公務員は一般の公務員と違い、その人事の複雑さに起因している。

政令指定都市以外では各都道府県が教員の任命権や人事権を持つ。ところが特に義務教育段階では市町村立学校が多く、実際に勤務する学校は市町村立の学校となる場合がほとんどである。[25]つまり、市町村の教職員でありながら、その身分は都道府県にあり、給与も都道府県から支給される県費負担教職員という立場になる。このため市町村教育委員会は、当該地方自治体が設置した学校に勤務する県費負担教職員の服務を監督するという立場になっている。この公立教員の任命権者と服務監督者が違うということは、県費負担教職員がなんらかの不適切な行為を行った場合、その行為が懲戒処分に相当すると判断されれば任命権者である都道府県教育委員会から懲戒処分の辞令が交付される。一方、懲戒処分とまでは判断されず、しかし不適切な行為ではあったが今後の改善の見込みがあると判断されるものであれば、服務監督者である市町村教育委員会の教育長が「訓告」、つまり文書や口頭によって「二度とこのようなことのないように」といった指導が行われる仕組みになっている。

なお、特に高等学校に多い都道府県立学校においては、任命権者と服務監督者がともに都道府県教育委員会であるため、懲戒も訓告も同一都道府県教育委員会によって行われる。

この処分の対象となる教員にとってみれば、「訓告」処分となるか「懲戒」処分となるかでは、身分的には当然のことながら、心理的にもその重圧の度合いには違いがある。本音で言えば、できることならば訓告処分で済んでほしいと願うのではないだろうか。服務上の処分であればそれは自身の履歴に残るものではないが、懲戒処分となると、その処分の内容を履歴に記載する必要がある。実は単なる履歴上の問題だけでは済まされない事情もある。仮に一か月の停職処分となった場合、その期間の停職、つまり無給の期間が一か月というだけでは済まされない。その後の昇給や昇進においても、他の者より一か月遅れることになり、これを生涯賃金で考えた場合の減給や、昇進のタイミングの遅れなど、人生設計の上でも大きな躓きとなってしまう。

さて、このような懲戒処分制度や処分の実状の中において、体罰における教員の懲戒の状況を再度見ていきたい。表1は二〇〇七年から二〇一一年まで教職員が体罰によって処分された件数である。この五年間、体罰によって懲戒免職処分となったものは一人もいない。さらにそれ以外の懲戒処分をみても、「訓告」の数と比較してみると、実に半数程度の一五〇人以下となっている。

さらに過去の調査（一九九三—二〇〇五）を見ると、体罰による懲戒免職処分になった例が二件あったことがわかった。一件目は二〇〇三年北九州市において部活動指導で体罰を行ったとして中学校男性教諭が懲戒免職になったというもの、二件目は二〇〇〇年度熊本県であった体罰で、男性教諭が懲戒免職となったという例である。体罰において懲戒免職処分となるのは非常に稀なケースであるため、この事例を当時の新聞報道から見ておきたい。

〈二〇〇三年北九州市体罰問題〉

この懲戒免職の事例は、実は一度免職処分になった後、同市人事委員会によって処分が重すぎるとして停職六か月の懲戒処分に修正裁決されたという非常に稀なケースである。

そもそもの体罰及び懲戒にいたる経緯であるが、卓球部の顧問であった当時三五歳男性教諭が、部活動の指導において体罰を繰り返し、生徒を不登校や自律神経失調症などに追い込んだとして、二〇〇三

表１　体罰による処分の推移

	懲戒処分				合計	訓告	諭旨免職	総計
	免職	停職	減給	戒告				
2007年度	0	15	57	52	124	247	0	371
2008年度	0	17	75	48	140	236	0	376
2009年度	0	11	71	68	150	243	0	393
2010年度	0	13	52	66	131	226	0	357
2011年度	0	20	52	54	126	278	0	404

（文部科学省調査[26]より引用し、筆者作成）

表２　体罰による処分の推移

	懲戒処分				合計	訓告	諭旨免職	総計
	免職	停職	減給	戒告				
1993年度	0	4	16	45	65	193	0	258
1994年度	0	6	18	43	67	212	1	280
1995年度	0	8	27	39	74	236	1	311
1996年度	0	8	34	68	110	297	0	407
1997年度	0	5	37	67	109	305	0	414
1998年度	0	11	44	59	114	269	0	383
1999年度	0	9	40	65	114	271	2	387
2000年度	1	7	56	68	132	259	1	428
2001年度	0	15	56	54	125	299	0	424
2002年度	0	18	63	56	137	313	1	451
2003年度	1	21	71	80	173	320	1	494
2004年度	0	20	66	57	143	277	0	420
2005年度	0	18	64	64	146	300	1	447
2006年度	0	17	82	70	169	254	1	424

（文部科学省調査[27]より引用し、筆者作成）

年一一月二六日に懲戒免職処分となったというものである。体罰の内容としては、二〇〇一年七月から二〇〇三年九月にかけて、複数の男子部員を殴ったり蹴ったりし続け、練習でミスをしたり試合で負けたりすると「カス、ザコ」「死ぬところまで追いつめるけの[28]」などと大声で怒鳴ったりしたというものである。これらの暴行を受けた二年生の部員は、登校前に嘔吐を繰り返すようになり、一週間ほど学校にいけなくなった。一年生の二人は、腹痛などを訴え、自律神経失調症や過敏性大腸症候群と診断された。北九州市教育委員会は保護者からの訴えで実態を知り、二〇〇一年の年度末に指導を行っていたが、二〇〇三年度九月再度保護者から指摘を受けたため、懲戒免職処分を決定したという経緯である。さらに校長の責任も問い、校長もあわせて減給三か月の処分が下された[29]。

ところが、この処分を不服とした男性教諭が二〇〇三年一二月、北九州市人事委員会に申し立てた。人事委員会は「関係者の証言などから暴行や暴言は事実と認定したが、体罰を理由にした懲戒免職処分が全国的に極めてまれなことや、保護者や同僚教諭ら約五六〇〇人が処分軽減を求める嘆願書を集めたことなどから修正裁決した[30]」（傍点筆者）という。これにより男性教諭は懲戒免職処分が修正され、停職六か月後、二〇〇五年の四月に別の中学校に復職した。

修正裁決の理由の一つに「体罰による懲戒免職処分は全国的に極めてまれ」と述べられている。まさに体罰を理由に簡単には懲戒免職処分とすることができないということを言い表している。そして一度は免職したものの、復職を可能にしている。もちろん嘆願書なども考慮された結果ではあるが、当時としてはやはりそれが妥当な判断であったと解されても仕方のない社会情勢であったと言えよう。

しかしながら、嘆願書において保護者などから五六〇〇人もの署名があったことも特筆すべきであろう。この行動を裏付けるような北九州市の体罰に対する市民の意識調査がある。二〇〇一年七月一九日に報道発表(31)されたものであるが、教師の体罰を容認する市民が六八％に上るというものである。これは市が二〇〇〇年七月～八月にかけて行った「人権問題に関する意識調査」の結果であり、調査は無作為抽出した二〇歳～七九歳の市民四五五〇人を対象に「どんな事情があっても、教師は生徒に体罰をすべきでない」という質問を行ったものである。その結果、「そう思わない」と答えた体罰容認派は男性七四％、女性六五％で、年代別では三〇歳代が七六％で最も高く、七〇歳代が五四％で最も低くなっており、世代が上がるにつれ、減る傾向があった。なお「そう思う」と答えた人は全体の二〇％であった。つまり、この当時の市民感覚としては、多数が体罰は教育上必要であると捉えていたことがわかる。とはいうものの、この結果に対して同市人権啓発センター所長が「結果はあくまで市民の意識であって、子どもの人権を守るために体罰がいけないことに変りはない」と述べており、「市民にも啓発していく(32)」としていることから、このような市民感覚が行政的にも好ましくないものであるという判断があったことを付け加えておきたい。

北九州市の男性教諭の事例は、当時体罰によって懲戒免職が非常に重すぎる処分であること、体罰は時には必要であるという市民感覚により、復職が可能となったものであると言えよう。この市民感覚は決して北九州市に限ったことではない。まさに多勢が漫然と「体罰は必要」と感じている現状こそが、教育現場に体罰を持ち込ませてしまう要因の一つであり、さらに体罰を行っても厳重な処分には至らない原因と考えるべきであろう。

〈二〇〇〇年熊本県女子児童全裸体罰事件〉

この事例が事実上、桜宮高校体罰事件以前において、近年唯一懲戒免職処分となった事例である。まずは体罰の内容について時系列で述べる。

二〇〇〇年一〇月三〇日（月）、熊本県玉名郡内の小学校で写生大会が行われた。当時三三歳だった三年生担任の男性教諭が、資料室で児童たちの持ってくる製作途中の作品を見ていたところ、女子児童七人の作品がいくつか同じテーマであることに気づいた。そのため男性教諭は対象となる女子児童七人を資料室へ呼び、「自分で考えないのは動物と同じ。動物の気持ちになって反省しなさい」と服を脱ぐように言い、自ら服を脱いだ女子児童に対し、さらに動物のように四つん這いになるよう指示した。このときこの女子児童らのほかに児童はいなかったという。結局男性教諭の許可がでるまでの数分間、この女子児童たちは全裸でいた。この後、男性教諭は服を着るように指示し、一人ひとりの考えを聞いてから、再び絵を描くように指示した。[33] 以上が「体罰」として問題となった行動である。

これが事件として明るみになるのは、体罰の当日、女子児童の保護者が町教育委員会へ連絡をしたことによる。保護者からの連絡を受け、町教育委員会は学校側へ翌三一日（火）に知らせている。ところが、連絡を受けた校長はこの当時「出張が重なって忙しかった」[34]という理由で、直接男性教諭に話を聞いたのは土曜日の一一月四日[35]になってからであった。

この時の事情聴取において男性教諭は事実を認め、「配慮が足りなかった」と反省し、学校側もこれを「行き過ぎた指導」と認め、保護者に謝罪をすることを決めた。

一一月七日（火）夜、学校側は七人の女子児童の保護者を学校に集めて謝罪を行った。しかし学校側がこの件を熊本県教育委員会へ報告したのは事件発生から二〇日後の一一月一八日（土）のことであった。この間も男性教諭は担任を続けていた。

県教委に報告したことで学校側は初めて事の重大さを理解することになる。学校は一九日、日曜日であったが臨時職員会議を開いた。会議で議論された具体的な内容は明らかにされてはいないが、話し合った内容の一つには、女子児童の中には保護者に「思い出したくない」と訴える子供もいるため、七人の精神面でのケアについてというものもあった。翌二〇日（月）の朝には小学校で全校集会を開き、校長が全校児童に謝罪を行った。また、町教育委員会は、男性教諭を二一日（火）から自宅待機処分とした。

二八日（火）になって地元の議会による全員協議会が開かれた。出席者は、議員と教育長、校長、教頭などであった。この中で学校側が議員らに事件の経緯を説明後、教育長も含め謝罪をしている。その際議員から過去にも事故をおこしているのではないか、という質問があり、男性教諭の体罰が以前からあったのではないか、という疑問の声があがった(36)。

その後さらなる調査により、男性教諭が他にも服を脱がせる「体罰」を行っていたことが分かった。明るみになった別の体罰は、同じ年の一〇月上旬午後三時ごろ、片付け作業がなかなか進まないことを理由に、担当する学級三一人のうち、男女二〇人を罰としてベランダに出し、服を脱ぐように指示したというものである。男児の一人がポロシャツを脱ぎ、ズボンを脱ぎかけたところでやめさせたとしている。また同じ月の二一日には、女子児童三人のほおを平手でたたく体罰を加え、そのうちの一人が、しばらく耳が聞こえづらくなり通院していた。さらに三年前の一〇月下旬にも、当時三年生の男子児童の頭を鉄製の三角定規でたたくという「体罰」を加え、一〇針ほど縫うけがをさせたこともあった。しかしこれらの別の体罰について、町教育委員会はまったく把握していなかった[37]。

その後学校は、もともと予定されていた授業参観の日であった一二月一日に、全校児童の保護者に対して説明会を開き、ここに一三〇人ほどの保護者が出席した。次々と明らかになる男性教諭の体罰問題で、校長は一連の事件を報告するとともに保護者に謝罪した。その後保護者から男性教諭に厳しい処分を求める意見や、学校側の対応の遅さに非難の声が上がった[38]。

その一方で、熊本地方法務局玉名支局が児童に対する人権侵害の疑いがあるとみて、学校関係者から事情聴取もおこなっている[39]。

そして一二月四日、熊本県教育委員会は男性教諭を懲戒免職処分とした。児童らの尊厳を著しくないがしろにし、教育に対する信頼を損なわせた、というのがその処分理由である[40]。さらに県教委は校長と教頭に対しても的確な対応をしなかったとして、それぞれ減給処分と戒告処分とした。さらにはこの学校のある町が、町教育長を減給処分とすることを町議会に提出し、一四日、賛成多数で可決された。実は、それ以前の一一月二五日に、教育長は町長に辞職願を出していた。しかし当時、町には教育委員が三人しかおらず、うち一人は入院中であったという現状から、減給処分案を提出したという背景があったからという説明である。この教育長の減給処分によって、女子児童全裸体罰事件は、一応の決着を見せたわけである。

第三節　「わいせつ行為」と「体罰」

第一項　わいせつ行為と体罰の行政処分の比較

二〇〇〇年の熊本県女子児童全裸体罰事件によって懲戒免職となった事例と、二〇一二年度の桜宮高校体罰事件との間には決定的な違いが指摘できる。それは、女子児童全裸体罰の事例には「わいせつ行為」というニュアンスがふくまれていることである。報道上からでは男性教諭に明確なわいせつ目的があったかどうかは判断できないが、いずれにしても男性教諭が女子児童を裸にするということは異常な行為であると判断されたことは間違いない。それゆえにこれまでの体罰に対する処分よりも非常に重い処分となったと考えられる。

これを裏付けるものとして、体罰に対する懲戒処分の軽さに比べ、「わいせつ行為」に対しては非常に重い処分が下される傾向にあることが文部科学省の調査からわかる。表3はわいせつ行為により懲戒等の処分を受けた教員数を表したものである。二〇一一年度では全体で一七〇人が処分され、この中でも最も重い懲戒免職処分となった教員は一〇一人にのぼる。つまり、「体罰」に比べ、「わいせつ行為」を行った者に対しては瞬時に重い処分が下されるのだ。

一方、先にも述べたとおり、体罰による処分の状況は、多くが訓告という非常に軽い処分で済まされている。訓告は当該教育委員会の教育長によって文書や口頭で戒めが行われるものであるため、懲戒処

表３　わいせつ行為による処分の推移

	懲戒処分				合計	訓告	諭旨免職	総計
	免職	停職	減給	戒告				
2007年度	83	43	9	4	139	14	11	164
2008年度	99	41	16	4	160	12	4	176
2009年度	100	24	9	5	138	12	3	153
2010年度	105	38	6	3	152	21	2	175
2011年度	101	38	9	3	151	18	1	170

（文部科学省調査[41]より引用し、筆者作成）

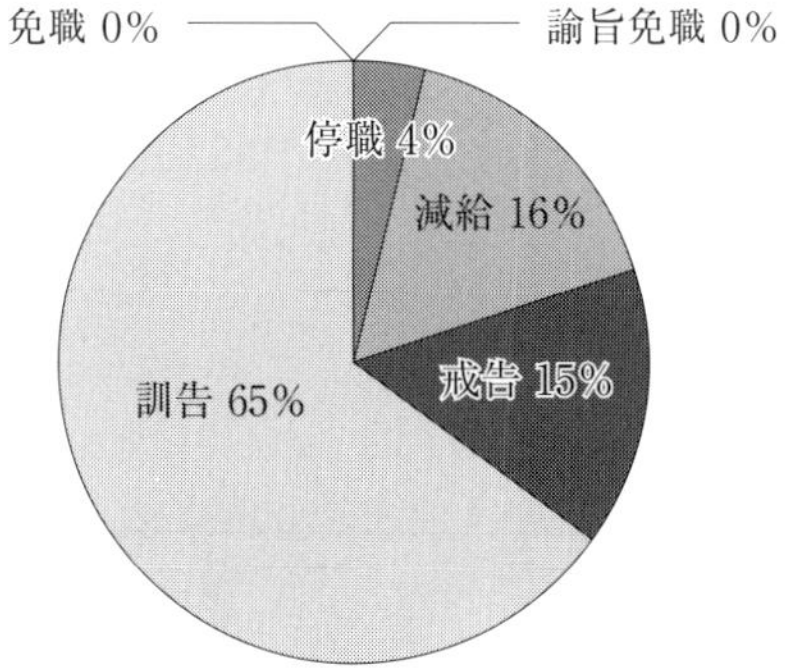

図１　体罰行為による処分（2007－2011）[42]

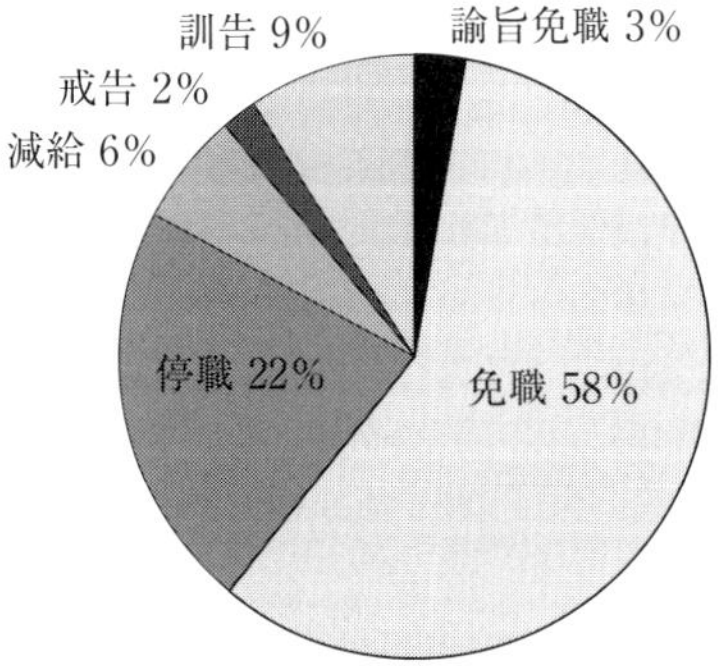

図２　わいせつ行為による処分（2007－2011）[43]

分にはあたらず、法的にも教員のキャリア的にも記録には残らない。

「体罰」に対する処分が「わいせつ行為」に比べ軽いものとなる根拠は明確に述べられているものはないが、教育公務員が処分される場合、基準例や前例にのっとってその処分が決定する場合が多い。では、教育公務員を懲戒処分とする場合、いかなる基準が設けられているのか。明確な基準を設けている横浜市の懲戒処分の基準を参考に見ていきたい。

第二項　横浜市における懲戒処分標準例

横浜市教育委員会では教育公務員の懲戒処分の標準例・処分量定一覧[44]を公表している。横浜市の事例からも、体罰に対しての処分の軽さが見て取れる。これをもとに体罰に対する処分の軽さを検証してみたい。なお、横浜市が体罰に対して、特別処分が軽いというわけではなく、むしろ基準を公開していることもあり、他の自治体よりも厳しい傾向にあることを付言しておきたい。

横浜市教育委員会は、二〇〇四年七月一三日に「教育公務員に適用する懲戒処分の標準例」を策定し、全教職員に標準例を配布した[45]。この標準例は、「市長部局の標準例をもとに、教育公務員特有の事由及び特に厳正な処分を行う必要のある自由を追加・修正したもの」であり、その目的は「処分の公平性、透明性を担保するとともに、不祥事の抑止効果を狙ったもの[46]」であると述べている。さらに二〇一一年九月には懲戒処分を行うに際しての基本的な考え方を「横浜市立学校教育公務員の懲戒に関する指針[47]」として定めた。そして二〇一三年八月には市長部局の標準例一部改正に伴い、「教育公務員に適用する懲戒処分の標準例」においても、セクシャル・ハラスメント以外のハラスメントについて処分量定を、一般服務関係に加えている。さらに特徴として、「教育公務員に対し、特に厳正な処分を行う必要のある事由[48]」として「体罰等」「わいせつ等行為」「教育公務員として不適切な行為」と取り上げ、これらについては標準例を別に定めている。表4に「体罰等」「わいせつ等行為」「教育公務員として不適切な行為」の処分の標準例を示した。

二〇一三年七月、二名の教諭が横浜市教育委員会管内において体罰行為により懲戒処分されている。一人は四〇歳代の中学校教諭で、処分内容は「戒告」である。体罰行為の内容は「当該教諭は、平成二四年八月五日、顧問を務める部活動の練習中に、指導したことが伝わっていないなどの理由から、所属する生徒に対し臀部を右足甲で蹴る体罰を三回行った[49]」というものである。推測でしかないが、おそらくこの四〇歳代中学校教諭は、(発覚したということにおいては)これが初めての体罰であり、生徒に負傷もなかったゆえに、「戒告」処分が妥当と判断されたものであろう。

もう一人は五〇歳代の教諭で、同様に体罰による「戒告」処分である。体罰行為の内容は、「当該教諭は、平成二四年三月二九日~一二月二九日の間、顧問を務める部活動の練習試合中に、気持ちの入らないプレーを指導するためなどの理由から、所属する生徒に対し頬や頭を叩く体罰行為を六回行った。そのうち一回は、生徒の鼓膜に穴を開ける怪我を負わせた[50]」というものである。やはりこの五〇歳代教諭も体罰が発覚したのは今回が初めてであることから、「戒告」という処分が下されたと考えるべきであろう。

同市教育委員会の標準例に基づくと、「戒告」は最も軽い処分である。しかし、先に見た文部科学省

表４　横浜市教育委員会　懲戒処分の標準例[51]

	事　由	免職	停職	減給	戒告
教育公務員として不適切な行為	ア　学校における業務データ等の不適切な管理			■	■
	※学校における業務データ等の取扱いとは、教育委員会事務局において定められたルール等をいい、校長においては、学校組織としての対応を遵守しなかった場合にも同様に処分することとする。				
	イ　校外学習、部活動中の飲酒等の不適切行為		■	■	
	ウ　他教員等の明白な非違行為等を容認した場合			■	■
	エ　その他、教育公務員として不適切な指導を行った場合		■	■	■
	オ　本市教育に対して、重大な信用失墜を与えた場合	■	■	■	
体罰等	ア　児童・生徒に体罰を行い負傷させた（精神的な後遺症を与えた場合も含む）		■	■	■
	処分歴有り	■	■		
	イ　児童・生徒に体罰を行ったが負傷には至っていない（精神的な苦痛を与えた場合も含む）			■	■
	処分歴有り	■	■	■	
	ウ　児童・生徒に対し、悪質又は常習的な体罰を行った。	■	■		
	※処分歴には、文書訓戒・厳重注意を含む。 ※傷害度、苦痛度、手段、指導経過、事後処理、司法の措置等の内容によっては、量定を加重及び軽減する。 ※侮辱的な言葉等の精神的な侵害を内容とする不適切な行為については、この体罰の量定に準じて扱う。				
わいせつ行為及びセクシャル・ハラスメント等	ア　児童・生徒に対する行為				
	身体的接触等をし、又は法律・条例等に違反する行為をした（未遂を含む）	■			
	セクシャル・ハラスメントをした	■	■	■	
	イ　保護者に対する行為				
	身体的接触等をし、又は法律・条例等に違反する行為をした（未遂を含む）	■	■		
	セクシャル・ハラスメントをした	■	■	■	
	ウ　児童・生徒及び保護者以外の者に対する行為				
	法律・条例等に違反する行為をした（未遂を含む）	■	■		
	セクシャル・ハラスメントをした	■	■	■	■

発表のとおり、多くの体罰が「訓告」で処分されていることを鑑みると、この事例に対し、横浜市の出した「戒告」処分は重いものと考えるべきである。その一方で、四〇歳代教諭と五〇歳代教諭の処分が同じ「戒告」であることにも疑問を生じさせる。体罰の内容はいずれも部活動指導において、練習やプレーに対し気持ちを発奮させるために行われたものであると解釈できる。しかし、その結果五〇歳代の教諭は生徒に外傷を負わせてしまっている。もちろん、同市の基準例に照らし合わせれば、たとえ児童生徒に負傷を負わせたとしても「戒告」から「停職」までの基準が設けられているため、結果「戒告」となっても何ら問題はない。さらに言えば処分歴がない限り、「免職」という最も重い処分には該当しない。しかしながら四〇歳代教諭の行った体罰と、五〇歳代教諭の行った体罰を比べ、同じ処分というのは妥当なものと考えてよいのであろうか。

この二つの処分から考えられるのは、おそらくは外傷のあるなしにかかわらず、(発覚が)初めてであればもっとも軽い「戒告」処分とするのが慣例であったと考えられる。しかし体罰の「回数」によって処分の軽重が決定するとするならば、体罰を受け、怪我を負った生徒側からしてみれば、納得のいくものであるとは考えにくい。処分の軽重の判断には、体罰を受けた児童生徒の状況も含める検討をすべきと考える。

その一方で、「わいせつ等行為」は一度の行為でも非常に重い処分が下されている。こちらはその被害を受けた児童生徒の心情も加味された結果とも捉えられるが、それ以上に公務員としての信用失墜行為が多大に影響しているものと考えられる。

次に横浜市教育委員会が「わいせつ行為」により処分した事例を取り上げたい。

二〇一三年二月、中学校教諭がわいせつ行為により懲戒免職となった。わいせつ行為の内容は、「当該教諭は、女子生徒二名に対し、平成二四年一月から七月までの間に、わいせつ行為を行ったとして、同年一一月一日、児童福祉法違反（児童に淫行をさせる行為）の容疑で逮捕された。その後、同年一一月二一日及び一二月七日に横浜地方裁判所に起訴された」[52]というものである。確かに犯罪行為として許されるものではないのは明白である。この件に関し、教職員人事部長も「教育公務員の信用を大きく失墜させる不祥事が起きたことは、極めて残念であり、誠に許しがたいことであります」[53]と述べている。このことからも厳重な処分が下された理由は、「教育公務員の信用失墜行為」が影響している。なお、前述の体罰による処分が下された四〇歳代教諭対する人事部長のコメントは「体罰は許されないことであり、体罰の根絶を目指して全市的に取り組んでいるところであるにもかかわらず、このようなことがおこったことは極めて遺憾です」と述べ、五〇歳代教諭に対しては「体罰や教職員の非行[54]などの不祥事の根絶を目指して全市的に取り組んでいるところであるにも関わらず、このようなことが起こったことは極めて遺憾です」と述べている。このことからも、「わいせつ行為」という不祥事による逮捕は、教育公務員の信用失墜行為としては重大な内容との理解ができる。

では、「わいせつ行為」によって「逮捕」という事件性の高さゆえに懲戒免職処分になったのかというと、必ずしもそうではない。同様に横浜市において、二〇一二年八月二〇日、小学校教諭（臨時的任用職員）がわいせつ行為によって懲戒免職となっているが、その行為の内容は「平成二四年七月二七日、学校内において、当該教諭が担当する学年の女子児童の下着をめくる行為を行った」[55]というものである。この事例では刑事事件に発展はしていない。それにもかかわらず、懲戒免職という厳しい処分が下されたのである。

以上、横浜市の事例をもとに述べた。処分の基準を明確にしている横浜市でさえ、体罰行為はわいせつ行為よりも軽い処分を課す傾向にある。この現象は、横浜市に限らず全国的にも言えることであろう。まさに体罰には「甘い」という現状が浮き彫りになっている。

なぜか。それは教育現場において「体罰」は「指導」の延長線上にあると考えられていることにあると言わざるを得ない。「体罰」が行われた場合、「不適切な指導があった」と表現されることがある。教員は一生懸命指導しようとしたが、結果的に体罰を行ってしまい、それが「不適切な指導」となってしまったという考え方である。つまり不適切ではあるものの、「体罰」は「指導」という領域において行われるものであると捉えられているのである。一方の「わいせつ行為」は、「指導」とは全く無縁の、個人的な性的嗜好により、変質的な行為として理解されている。「わいせつ行為」には教育上の理念や過失はまったく存在しないものであるという捉え方である。それ故に、教育公務員としての信用を著しく失墜する行為であると理解され、わいせつ行為には厳しいものになっているというわけである。

であるならば、「体罰」は教育公務員として著しく信用を失墜する行為ではないのか。再度横浜市の事例を借用するが、二〇一二年八月に小学校教諭が一般人に対して行った暴力行為によって停職二か月の処分が下されている。[56] 同じ「殴る」という行為でも、児童生徒に行うことと、一般人に対して行うことではるかに一般人に対して暴力行為を行うことの方が、重い処分が下されている。

児童生徒に対しての暴力行為は指導上の延長で、一般人に対しての暴力は信用失墜行為である、という理屈が果たして納得できるものなのか。この現象も今後は十分に検討していく必要があろう。

これらの現実としての体罰行為への処分の「甘さ」という実態を踏まえ、桜宮高校体罰事件後、文部科学省が行った全国調査を見ていきたい。

第四節　体罰の実態把握―文科省調査より―

二〇一三年一月二三日、文部科学省は桜宮体罰事件を受け、全国的な体罰の実態調査を行うことを初等中等教育局長及びスポーツ・青少年局長通知で各都道府県・指定都市教育委員会等に対して依頼した。この調査では例年公立学校のみを対象に調査していた「公立学校教職員の人事行政状況調査」の対象を、国立学校、私立学校にも広げて行った。この結果を第一次（二〇一二年四月～二〇一三年一月）と第二次（二〇一二年度）と分けて報告している。

〈第一次報告〉

二〇一三年四月二六日に報告された第一次の内容では公立学校の体罰の実態が報告され、実に八四〇件の体罰発生が確認された。さらにこの期間における体罰による懲戒処分の内訳は、懲戒免職が二名（内一名は大阪市立桜宮高校の小村元教諭、もう一名は神戸市の男性教諭）、停職九名、減給四三名、戒告三〇名で、訓告等が五一九名、諭旨免職が一名となった。

ここで二〇一二年度神戸市で懲戒免職処分となった体罰の事例についても見ておきたい。

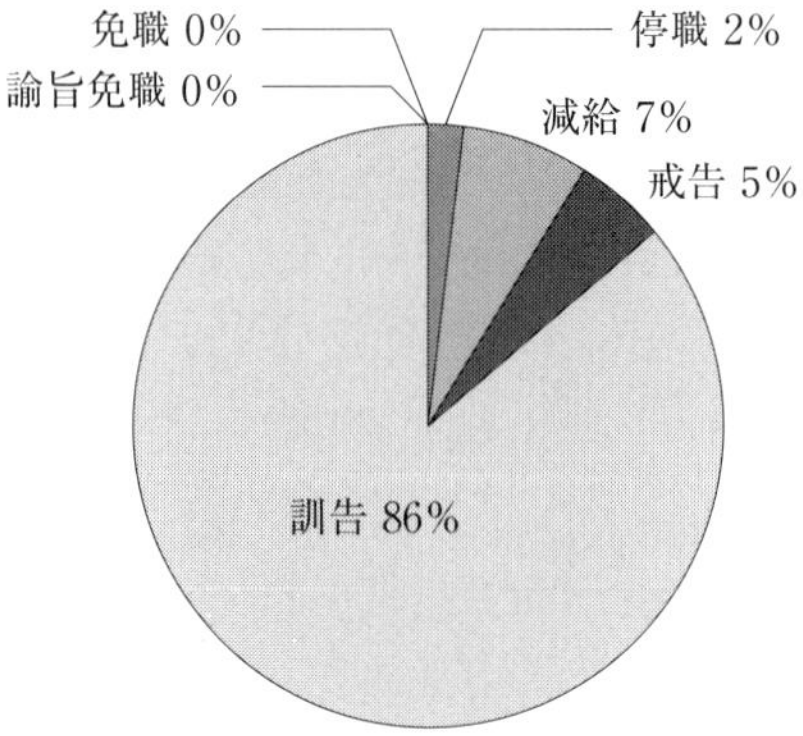

図３　体罰調査第１次報告による処分状況

〈神戸市体罰による懲戒免職の事例〉

神戸市の男性教諭に懲戒処分が下されたのは二〇一二年七月一三日のことである。当時六〇歳であった男性教諭が、知的障害がある特別支援学級の一一歳の男子児童に対して、体罰や暴言を繰り返したというものである。

報道資料[57]によると、免職となった教諭は、二〇一一年九月ごろから授業中に頭をこぶしで小突くというような体罰を繰り返し、さらにはカッターやはさみを見せて、男子児童に「お腹を切って（給食を）入れた方が（食べるより）早いのと違うか」と脅迫めいた暴言を吐いたという。児童が児童養護施設の職員に相談したことから、同年一二月に体罰の事実が学校側に伝わり、直後に校長が対象の教諭に指導した。これによって、体罰は収まったという。

しかし、その後も教諭は男子児童に対し、不名誉なあだ名をつけて呼んでいたため、再度校長から指導を受けることとなった。校長の指導ののち、教諭は二〇一二年五月に男子児童の父親に謝罪をしたが、その後も男子生徒に対して針金をコンセントに近づけて感電させるふりをして脅かすなどの行為があったため、神戸市教育委員会は、再三の指導がありながら児童を侮辱した行為を繰り返し、過去に体罰による処分もあるという理由により、免職という厳しい処分を下した。

さて、この神戸市の事案から指摘できることは、体罰が直接的な免職処分の理由ではないということである。確かに最初の校長指導こそ有形力による体罰であったが、免職というもっとも厳しい処分が下された理由は、再三の指導があったにも関わらず、改善する様子の見られないことが理由である。つまり、指導しても改善の余地がなく、本来の教員としての資質に問題があるという見方である。一度目の指導の後、男性教諭による有形力の行使としての体罰は一応止んだと判断している。しかし、暴言や脅迫まがいの言動により、男子児童を精神的に傷つけ、人権侵害を繰り返したことが厳しい処分となった直接の理由と考えるのが妥当であろう。

〈第二次報告〉

体罰件数の倍増は、やはり桜宮高校の事件が背景にあることは言うまでもない。しかし、その影響が大きく表れたのは第二次報告であった。

第二次報告は、同年八月六日に発表された。第一次の調査をもとに、より綿密に分析されたものである。さらに、第一次では公立学校のみであったが、第二次では国立学校と私立学校も加えられた。発表内容の留意事項には「第一次報告で報告した事案も含めた、国公私立学校に係る最終的な集計結果。児童生徒や保護者への調査など、正確な実態把握のために各地域で手法を工夫して行った調査の結果、新

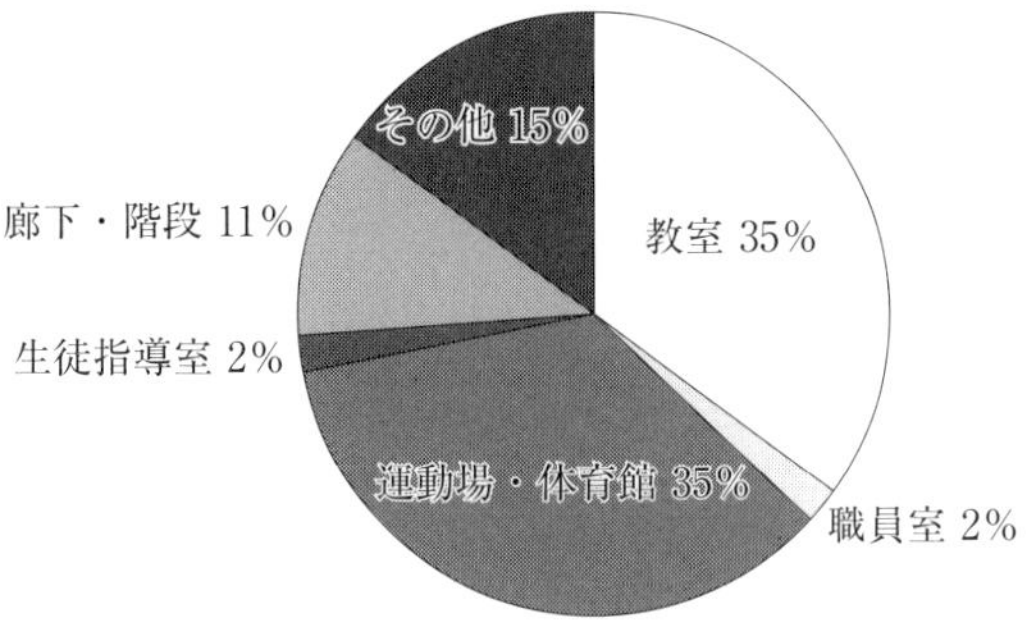

図４　体罰の行われた場所（第２次調査より筆者作成）

たに把握された事案についても、この第次二報告で集計している[58]」と記されている。

では、具体的に第二次報告の内容を見ていきたい。二〇一二年度中に発生した体罰件数は、国公私立合計で実に六七二一件にのぼった。これは第一次報告の件数を大きく上回るものである。この数字の大幅な増加は、もちろん桜宮高校体罰事件を受けて、調査を厳密化したことによるものであり、決して国立学校と私立学校にて体罰が多発していたわけではない。第一次調査と比べ、この数字の大幅な上昇についての言及はここでは避けるが、いずれにしても二〇一一年度までの体罰に関する調査とは、全く別の数字として表れてきたことに間違いはない。

この調査においては、体罰を行った場面や場所についても詳しく数値化され提示されている。そこで体罰が行われた場所に着目してみたい。

図4からもわかるように、実に体罰が行われている場所は教室や運動場・体育館など、担当教員以外の他の教員が同席している可能性が低い場所で行われていることがわかるであろう。

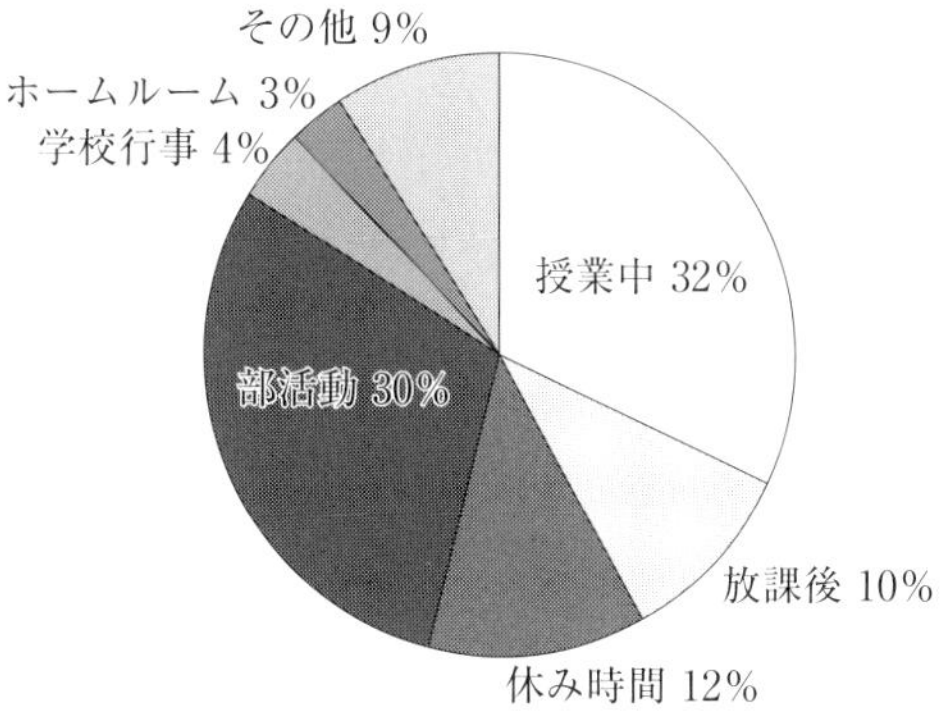

図５　体罰が発生した場面（第２次調査より筆者作成）

逆に職員室や生徒指導室など、他の教員や第三者が介入する可能性が高い場所においての体罰は非常に低いことが読み取れる。

同様に体罰が発生した場面を見てみたい。

この図５で示された通り、体罰が発生した場面は授業中が最も多く、次いで部活動であった。この２つの結果から、体罰を行う教員の傾向が読み取れよう。

体罰を行う多くの教員は、決してそれを公の場で行うことはない。先にも述べたが第三者が介入しやすい場所では体罰行為には至らない傾向がある。そして、教室や部活動で多く発生しているということからも、「体罰」は「指導」の場面で起こりやすいことがわかる。まとめると、第三者が介入しにくい授業や部活動の閉鎖的な指導場面において、体罰が発生しやすいことになろう。

二回の報告を受け、文部科学省や各自治体において、体罰根絶に向けたガイドラインが早急に作成させることになった。以下、それらガイドラインに焦点を当てて述べてみたい。

第五節　桜宮高校体罰事件のその後―体罰根絶ガイドライン―

第一項　文部科学省

　桜宮体罰事件後、文部科学省は体罰に関する通知を二回出している。二〇一三年三月一三日、「体罰の禁止及び児童生徒理解に基づく指導の徹底について」と、同年八月九日の「体罰根絶に向けた取組の徹底について」の二つである。この二通知を各都道府県教育委員会教育長、市町村教育委員会教育長、各都道府県知事、その他関連する各局へ出した。これに加え、「運動部活動の在り方に関する調査報告書～一人一人の生徒が輝く運動部活動を目指して～」を同年五月二七日に提示し、その中で体罰の考え方に関するガイドラインを示している。この項では文科省が示したこれら三点について具体的に見ていきたい。

「体罰の禁止及び児童生徒理解に基づく指導の徹底について（通知）」

　三月に出された一回目の通知の主な内容は、「1　体罰の禁止及び懲戒について」、「2　懲戒と体罰の区別について」、「3　正当防衛および正当行為について」、「4　体罰の防止と組織的な指導体制について」、「5　部活動指導について」の五項目である。「1　体罰の禁止及び懲戒について」では、学校教育法施行規則に定められた懲戒である退学、停学、訓告のほかに、「児童生徒に肉体的苦痛を与えるものでない限り、

表５　体罰と懲戒の区別（文部科学省通知をもとに作成）

体罰	学校教育法施行規則で定められた懲戒	その他の懲戒
身体に対する侵害を内容とするもの 殴る 蹴る 肉体的苦痛を与えるもの 特定の姿勢を長時間にわたって保持させるなど 長時間の正座 長時間の直立	退学 停学 訓告	注意 叱責 居残り 別室指導 起立 清掃 宿題 清掃 学校当番の割り当て 文書指導

通常、懲戒権の範囲内と判断されると考えられる行為として、注意、叱責、居残り、別室指導、起立、宿題、清掃、学校当番の割り当て、文書指導などがある」としている。「2　懲戒と体罰の区別について」では、次のように説明している。

「(1)教員等が児童生徒に対して行った懲戒行為が体罰に当たるかどうかは、当該児童生徒の年齢、健康、心身の発達状況、当該行為が行われた場所的及び時間的環境、懲戒の態様等の諸条件を総合的に考え、個々の事案ごとに判断する必要がある。この際、単に、懲戒行為をした教員等や、懲戒行為を受けた児童生徒・保護者の主観のみにより判断するのではなく、諸条件を客観的に考慮して判断すべきである。

(2)(1)により、その懲戒の内容が身体的性質のもの、すなわち、身体に対する侵害を内容とするもの（殴る、蹴る等）、児童生徒に肉体的苦痛を与えるようなもの（正座・直立等特定の姿勢を長時間にわたって保持させる等）に当たると判断された場合は、体罰に該当する」

続く「3　正当防衛および正当行為について」では、「教員等が防衛のためにやむを得ずした有形力の行使は」体罰に該当しないと明記されている。これら1～3の項目により、それまで議論の対象となっていた、どこまでが懲戒でどこからが体罰か、という疑問に答えた形となった。

「体罰根絶に向けた取組の徹底について（通知）」

次に二回目の通知である「体罰根絶に向けた取組の徹底について」（八月九日）であるが、こちらは、文部科学省が行った体罰に関する実態調査の第二次報告（八月六日）が行われた直後の通知となっている。第二次報告によって、体罰の件数が六七〇〇件を超えることが明らかになり、より厳重に体罰に取り組むことを求めた内容である。以下、その概要を記す。

「1　体罰未然の防止」では、次の三点を求めている。⑴決して体罰を行わないよう、校内研修等を通じて体罰禁止の趣旨を徹底し、懲戒・体罰の区別等のより一層適切な理解を深めること…（略）…教育委員会及び学校は、体罰根絶の指導方針について保護者や地域住民等と認識を共有するよう努めること。⑵指導困難な児童生徒の対応を一部の教員に任せきりにせず、組織的な指導を徹底すること、たとえ指導が困難な児童生徒がいても、体罰によらず、粘り強い指導や懲戒によって児童生徒が安心して学べる環境を確保すること。⑶は部活動における指導について、教育委員会及び学校は、「運動部活動の在り方に関する調査研究報告書」（二〇一三年五月二七日）に掲げる「運動部活動での指導のガイドライン」の趣旨、内容を理解の上、指導者による体罰等の根絶及び適切かつ効果的な指導に向けた取り組みを実施することを求めた。

「2　徹底した実態把握及び早期対応」では、⑴教育委員会及び学校は、継続的に体罰の実態把握に努めることが求められ、⑵学校の管理者は、教員が体罰等[59]を行った場合は、教員が直ちに報告や相談ができる環境を整えること、教育委員会は体罰等が発生した場合には迅速に対応すること、生徒指導部局と服務担当部局との適切な連携体制等を整備することを求めた。さらに体罰等の報告・相談があった場合には、学校の管理職は直ちに関係する児童生徒、教員から聴取し、その結果を教育委員会へ報告し、被害を受けた児童生徒の心身回復に真摯に対応すること、報告を受けた教育委員会は事実関係の把握など迅速に対応すること、県費負担教職員の服務監督権者である市町村教育委員会は、都道府県教育委員会に事案及び対応措置を報告することを求めた。そして⑶体罰を行ったと判断された教員には厳正な処分を行うこととして、特に次のような場合にはより厳重な処分を行う必要があるとした。

「1　教員等が児童生徒に傷害を負わせるような体罰行った場合

2　教員等が児童生徒への体罰を常習的に行っていた場合

3　体罰を起こした教員等が体罰を行った事実を隠蔽した場合等」

最後に「3　再発防止」では、教育委員会及び学校に対し、実態把握の結果を踏まえた再発防止策を適切に講じることを求め、体罰を起こした教員等に対しては、研修等をおこなうことで再発防止を徹底することを求めた。

この通知の示唆するところは、今後は体罰を行った教員に対する懲戒処分の厳罰化に向かうということである。第二節で述べたが、桜宮高校体罰事件以前は、体罰を行った教員が免職処分となることは非常に稀なケースであった。しかし、この通知により、「傷害を負わせる」「常習的」「体罰を隠蔽」が基準となり、明文化されたわけである。桜宮高校体罰事件に見られたような、常習的に体罰を行い、傷害を負わせ、しかもそれを隠蔽しようとする教員は、それはすなわち懲戒免職処分の対象になる。また上記にあげられた体罰行為に関して、どの程度該当すれば懲戒免職という厳罰がくだされるのか、あるいは停職処分なのか、訓告で済ませられるのか。これらの判断は、今までの事例の蓄積から判断されるのではなく、あらたに桜宮高校体罰事件を基準に検討されることになろう。

しかし、その一方で「3　再発防止」の項目に着目すると、「体罰を起こした教員等に対しては、二度と繰り返すことのないよう、体罰を起こした原因等を踏まえた研修等を行うなど、再発防止を徹底すること」と述べられている。先に厳罰化の対象を明文化してはいるものの、やはり多くの教員は研修によって「更生」できるものと考えられていることがわかる。つまり、軽微な体罰であれば、これまでと同様、即懲戒免職処分になるようなことはほとんどないと考えてよい。しかしそれが教員にとって、あるいは児童生徒にとっても、本当に幸いなことであるのか、慎重に検討していく必要はあろう。

運動部活動の在り方に関する調査研究報告書〜一人一人の生徒が輝く運動部活動を目指して〜(60)

二〇一三年三月五日、スポーツ・青少年局長が主体となり、運動部活動の在り方に関する調査研究が行われることが決まった。研究協力者には、日本オリンピック委員会専任理事や日本体育協会専務理事、日本高等学校野球連盟理事など、九名の有識者である。この調査の趣旨としては、「桜宮高校の体罰事案を受けて運動部活動における体罰が問題となっていること」「教育再生実行会議の第一次提言において、運動部活動指導のガイドラインを作成することが提言されていること」を受け、「運動部活動の健全な発展と体罰等の根絶を図る」ものである。

この調査結果が同年五月二七日に報告された。この報告書の前半部分には「1　本調査研究の趣旨」及び「2　運動部活動の充実に向けた国、地方公共団体、大学、関係団体等の取組、支援への期待」が記され、それに続いて、〈運動部活動での指導のガイドライン〉が述べられている。「1　本ガイドラインの趣旨について」では、「運動部活動での指導において必要である又は考慮が望まれる基本的事項、留意点をあらためて整理し、示したもの」であり、「各地方公共団体、学校、指導者」が、「運動部活動での具体的な指導の在り方、内容や方法について必要な検討、見直し、創意工夫、改善、研究」を進めることによって運動部活動が一層充実することを求めたものである内容が記されている。

それに続いて「2　生徒にとってのスポーツの意義」が述べられており、運動部活動はスポーツ基本法の理念[61]を実現するものであることが確認されている。「3　運動部活動の学校教育における位置付け、意義、役割等について」では、次の三項目を述べている。

「①運動部活動は学校教育の一環としておこなわれるものです」とし、学習指導要領[62]で述べられている部活動と教育課程の関連性を強調している。「②運動部活動は、スポーツの技能等の向上のみならず、生徒の生きる力の育成、豊かな学校生活の実現に意義を有するものとなること」を望み、「③生徒の自主性、自発的な活動の場の充実に向けて、運動部活動、総合型地域スポーツクラブ等が地域の特色を生かして取り組むこと、また、必要に応じて連携することが望まれます」と、閉鎖的な活動からの脱却を求めている。

続く「4　運動部活動での指導の充実のために必要と考えられる7つの事項」では、具体的に次の内容を求めた。

【運動部活動での効果的、計画的な指導に向けて】

①顧問だけに運営、指導を任せるのではなく、学校組織全体で運動部活動の目標、指導の在り方を考えましょう

②各学校、運動部活動ごとに適切な指導体制を整えましょう

③活動における指導の目標や内容を明確にした計画を策定しましょう

【実際の活動での効果的な指導に向けて】

④適切な指導方法、コミュニケーションの充実等により、生徒の意欲や自主的、自発的な活動を促しましょう

⑤肉体的、精神的な負荷や厳しい指導と体罰等の許されない指導とをしっかり区別しましょう

【指導力の向上に向けて】

⑥最新の研究成果を踏まえた科学的な指導内容、方法を積極的に取り入れましょう

⑦多様な面で指導力を発揮できるよう、継続的に資質能力の向上を図りましょう

この七項目のうち、「⑤肉体的、精神的な負荷や厳しい指導と体罰等の許されない指導とをしっかり区別しましょう」の項で、「体罰等の許されない行為」の例が示されている。

①殴る、蹴る等。

②社会的通念、医・科学に基づいた健康管理、安全確保の点から認め難い又は限度を超えたような肉体的、精神的負荷を課す。

③パワーハラスメントと判断される言葉や態度による脅し、威圧・威嚇的発言や行為、嫌がらせ等を行う。
④セクシャル・ハラスメントと判断される発言や行為を行う。
⑤身体や容姿に係ること、人格否定的（人格等を侮辱したり否定したりするような）な発言を行う。
⑥特定の生徒に対して独善的に執拗かつ過度に肉体的、精神的負荷を与える。

「運動部活動の在り方に関する調査研究報告書」においては、先の文部科学省通知より運動部活動に特化した内容であるだけに、実状に即した対応策が描かれている。文科省通知では「体罰」とする内容が「身体に対する侵害を内容とするもの」と「肉体的苦痛を与えるもの」としていた。しかし、「運動部活動の在り方に関する調査研究報告書」においては、「体罰等」という表現に「精神的負荷を課すもの」も加えている点において、運動部におけるこれまでの体罰の実態がより明確に示されていよう。そしてパワーハラスメントやセクシャル・ハラスメントなど、有形力の行使だけに限定せず、これらを「体罰等」として表記してあることも特徴である。さらに同報告書において「これらの発言や行為について、指導者と生徒との間での信頼関係があれば許されるとの認識は誤りです」と述べられている。逆に言えばこのような「誤った」考えのもとで体罰を繰り返している指導者がいかに存在しているかを表していよう。

この報告書の与える影響力で、確かに内容を理解し、体罰をやめようとする指導者は少なからずいるであろう。しかし一方で問題なのは、このような指針を示しても、今まで通り体罰を中心とした指導法を変えようとしない指導者もいることである。

二〇一三年一〇月三一日の新聞報道(63)では中学校の柔道部で、外部指導者により体罰があった事実を伝えている。部員三人が三〇代の男性指導者から平手打ちや蹴るなどの体罰を受け、さらにその事実を口外しないよう言われていたという。もちろん、体罰に対して敏感に反応するようになった社会の変化によって、こうした体罰が明るみにでてきたということもある。しかしそれでもなお、体罰根絶に対峙しようとしない指導者がいることは紛れ間もない事実である。

第二項　大阪市教育委員会

桜宮高校体罰事件を受け、大阪市教育委員会は二〇一三年九月に「体罰・暴力行為を許さない開かれた学校づくりのために　体罰・暴力行為の防止及び発生時の対応に関する指針　児童生徒の問題行動への対応に関する指針」と「大阪市部活動指針～プレイヤーズファースト～」を発表した。

「体罰・暴力行為を許さない開かれた学校づくりのために」においてでは、まず最初に述べられているのは「体罰」「懲戒」「暴力行為」「正当防衛、正当行為」に関する定義と具体例についてである。大阪市教委が示す、それぞれの定義について紹介しておきたい。

「体罰・暴力行為を許さない開かれた学校づくりのために　体罰・暴力行為の防止及び発生時の対応に関する指

針　児童生徒の問題行動への対応に関する指針[64]」より

「体罰」の定義

体罰とは、非違行為を行った児童生徒に対する懲戒の目的をもって行われる行為で、身体的性質を有するものである。体罰は、学校教育法により、禁止されている。また、態様・程度等によっては、刑法上の暴行罪又は傷害罪に問われる場合がある。

許される「懲戒」の定義

法的に許される懲戒権の行使と考えられる行為としては、学校教育法施行規則第二六条に基づいて校長が行うことができる退学及び停学（いずれも高等学校及び特別支援学校高等部のみ）並びに訓告のほか、注意、叱責、居残り、別室指導、宿題、清掃、文書指導等がある。

「暴力行為」の定義

暴力行為とは、児童生徒側に非違行為がなく、したがって懲戒を目的とするとは言えない行為で、身体的性質を有するものである。暴力行為は、非のない児童生徒に対して行われる非違行為であり、決して許されない。また態様・程度等によっては、刑法上の暴行罪又は傷害罪に問われる場合がある。

「正当防衛」「正当行為」の定義

児童生徒からの教職員等に対する暴力行為に対して、教職員等が防衛のためにやむを得ず行った有形力の行使は、これにより身体への侵害又は肉体的苦痛を与えた場合にあっても体罰・暴力行為には該当しない。

また、他の児童生徒に危害を及ぼすような暴力行為に対して、これを制止したり、（たとえば児童生徒が自身又は他の児童生徒の生命又は身体を危険にさらすような行為を制止する等）目前の危険を回避したりするため、やむを得ず行った有形力の行使も、同様に体罰・暴力行為に当たらない。
これらの行為は、正当防衛又は正当行為として、刑事上又は民事上の責任を免れ得る場合がある。

大阪市教委が示す体罰と懲戒、そして正当防衛等の定義は、文科省通知を踏襲したものであることがわかる。加えて、大阪市は「暴力行為」を定義している。その内容からは、児童生徒に非違行為がないにも関わらず、懲戒目的として有形力を行使することが暴力であり、例えば運動部活動の練習中に児童生徒が指示通りのプレーができないこと、ミスしたことは児童生徒の非違行為ではなく、このような場合に懲戒目的として児童生徒を叩いたり蹴ったりすることは体罰ではなく、暴力行為である、と述べている。つまり、大阪市教委は「体罰」と「暴力行為」の相違を明示したことになる。

さらにこの指針では「児童生徒の問題行動への対応に関する指針」を明示しており、児童生徒の問題行動について五段階のレベルを設定し、体罰によらない指導方法を提示するため、そのレベルごとに対応マニュアルを作成した（表6）。レベルⅠ～Ⅱについては、日常の学校生活においても起こりうる可能性の高い問題行動である。違法行為とまでは行かずとも、非行的な態度であり、早期対応と解決が求められるものである。またレベルが低い段階においても、一人の教員にその任を押し付けることのないよう、組織的に対応することが求められている。

表6　大阪市における児童生徒の問題行動レベルとその対応[65]

レベル	問題行動例	対応
レベルⅠ： 管理職に報告し、担任・学年が把握し、注意・指導を行うレベル	無断欠席・遅刻 反抗的な言動 服装・頭髪違反 授業をさぼる 学校施設の無許可使用	・担任・学年で対応し、解決を図る。 ・必要に応じ、スクールカウンセラーやスクールソーシャルワーカーと連携を図り、指導・相談を実施する。
レベルⅡ： 管理職・生活指導部（担当）を中心とする学校全体で共通理解を図り指導・改善を行うレベル	攻撃的な言動・軽度の暴言 軽微な賭けごと 軽微な授業妨害 軽微な器物破損 授業をさぼって校内でたむろする	・校内対策会議を開催する。 ・担任・学年とともに管理職・生活指導部（担当）が指導し、同様のことを繰り返さないよう、保護者を交えて指導する。 ・状況に応じて、第三者専門家チーム、スクールカウンセラー、スクールソーシャルワーカー等を活用する。
レベルⅢ： 警察や関係機関と連携して学校内で指導を行うレベル	暴言・誹謗中傷行為 脅迫・強要行為 暴力 軽微な窃盗行為 悪質な賭けごと 著しい器物破損 バイクの無免許運転 喫煙 著しい授業妨害	・校内対策会議を開催する。 ・担任・学年とともに管理職・生活指導部（担当）が指導し、同様のことを繰り返さないよう、保護者を交えて指導する。 ・状況に応じて、第三者専門家チーム、スクールカウンセラー、スクールソーシャルワーカー等を活用し、関係機関と連携して指導を行う。 ・管理職が警察・こども相談センターと連携し指導計画を立て、学校で指導するとともに、保護者にも働きかけ、家庭でも指導する。 ・教室での指導だけでなく、別室等を活用した指導を行い、問題行動の改善を促す。 ☆状況に応じて学校または個人（被害者）が、警察に被害届を提出する。
レベルⅣ： 教育委員会が主導的役割を担い、出席停止措置を行うとともに、警察等と連携して学校外で指導を行うレベル	重い暴力・傷害行為 重い脅迫・強要・恐喝行為 危険物の所持 違法薬物の所持・販売行為 窃盗行為 痴漢行為	・校内対策会議を開催する。 ・管理職が警察・こども相談センターと連携した指導を行う。 ・状況に応じて、第三者専門家チーム、スクールカウンセラー、スクールソーシャルワーカー等を活用し、関係機関と連携して指導を行う。 ・教育委員会が出席停止措置を行い、指導計画に基づき家庭・校外で指導する。 ・教育委員会・学校が中・長期的な指導計画を立て、継続的な対応を行う。 ☆状況に応じて学校または個人（被害者）が、警察に被害届を提出する。
レベルⅤ： 学校・教育委員会から、警察・こども相談センター等、外部機関に対応の主体が移るレベル	極めて重い暴力・傷害行為 極めて重い脅迫・強要・恐喝行為 凶器の所持 放火、強制わいせつ、強盗	・校内対策会議を開催する。 ・状況に応じて、第三者専門家チーム、スクールカウンセラー、スクールソーシャルワーカー等を活用し、関係機関と連携して指導を行う。 ・教育委員会主導で、警察・こども相談センター・児童自立支援施設等における対応に移行し、関係機関と学校の連携を図りながら指導する。

「大阪市部活動指針〜プレイヤーズファースト〜」(66)

さらに大阪市は部活動に特化した指針も提出している。その冒頭で部活動の位置づけを「学校教育の一環」とし、「校長による部活動方針の決定と開かれた部活動」を求めた。この指針では特に懲戒と体罰、暴力行為に関する定義は述べられてはいない。強調して述べていることは、部活動運営に関して、閉鎖的な環境にせず、顧問会議などを定期的に開催するなどして、開かれた部活動経営を行い、さらに校長によるマネジメントによって部活動改革を行うこと、そしてチェック機能の体制を強化することなどである。

また「プレイヤーズファースト」をキーワードに、「勝利至上主義」の指導から、生徒の達成感や喜び・生きがいを大事にする「生徒第一主義」の指導を行うこと、科学的な根拠に基づいた合理的な指導を行うことを述べ、保護者に対しても「保護者は一番のサポーター」として生徒の自主的な活動を見守り、指導者とともに部活動運営をサポートしていくことを求めている。指導者が「科学的根拠に基づいた」指導に不安がある場合は、教育委員会が外部指導者を派遣したり、指導者技術講習会を開催したりと、部活動改革に積極的にサポートしていく姿勢が述べられている。

第六節 「体罰」を「指導」から分離する—おわりに—

桜宮高校体罰事件以前、学校における「体罰」は「指導」の延長に存在するものであった。それゆえに、体罰が行われると「行き過ぎた指導があった」という発言によって、無意図的にではあるが、結局のところ学校教育は体罰を犯した教員を擁護する姿勢をとってきた。その一方で、体罰を犯した教員は、決して公の場で体罰を実行しているわけではない。多くの体罰は密室、つまり教室や部活動指導など、他の教職員の目の届きにくいところで行われている。体罰を行っている当の本人も、実はその行為が正当なものであるとは考えてはいない。「やりすぎなければ」、あるいは「見つからなければ」、体罰は指導として許されるはず、そのような学校独自の文化形成が、近代学校制度の中で行われてきた。「体罰」の歴史については多くの識者が論じているため、そちらを参照していただきたいが、いずれにせよ、少なくとも日本の「体罰」に関する議論は、近代学校制度とともに発生したものであることは、共通の見解であろう。

さて、その日本における「体罰」概念は、近代学校制度が構築されていく過程の中で程度の差こそあれ、「指導」の中にあった。二〇一三年の桜宮高校体罰事件は、まさにこの「体罰」が「指導」の範疇であるというこれまでの概念を変更させるできごととなった。

つまり、それまで「体罰」は「行き過ぎた指導」とほぼ同じ意味合いで使用されてきたが、今後は「体罰」と「指導」は決して共通の意味を持たなくなったというわけである。

文部科学省をはじめとした一連の対策によって、今後教員の体罰に対する意識の変容が求められたわけであるが、一昼夜にしてこれが解決するものではない。今後も注意深く、学校関係者への概念の変更を求めていくほかかない。

だが、それでもいまだ解決できていない課題が残る。「体罰」概念の変更を求めるだけでは、教員たちの「なぜ体罰はいけないのか」という原理的な問いに答えてはいない。教師たちにとってみれば、「やってはいけないと決められているから、やらないだけ」であり、瞬間的には効果を発揮すると考えられている体罰を、教育現場から完全に払拭することへの懸念がごく一部には残るであろう。学校教育法第一一条の但し書きに記された体罰禁止について、なぜ禁止したのか、根本的に検討する必要があることは言うまでもない。

注

(1) 朝日新聞デジタル二〇一三年一月九日「自殺高二「体罰がつらい」遺体、腫れた顔　大阪」ほか。
(2) 朝日新聞デジタル二〇一三年一月九日「バスケ部顧問、日常的に体罰　大阪高2自殺」。
(3) 朝日新聞デジタル二〇一三年一月一一日「高二生の自殺―体罰許さぬ教育現場に」。
(4) 朝日新聞デジタル二〇一三年一月一一日「大阪市教委へ義家政務官派遣　文科省、体罰全国調査へ」。
(5) 朝日新聞二〇一三年一月一五日夕刊「義家政務官「事実解明を」「教育の無責任」指摘　大阪・高二自殺【大阪】」。
(6) 朝日新聞デジタル二〇一三年二月一四日五時配信「桜宮高体罰問題　大阪市教委外部監察チームの報告書全文」。
(7) 同前。
(8) 同前。
(9) 同前。
(10) 同前。
(11) 同前。
(12) 朝日新聞二〇一三年二月一四日朝刊一総合「暴力「自殺の大きな要因」桜宮高バスケ部顧問を懲戒免職　大阪市教委処分【大阪】」。

（13）同前。
（14）朝日新聞二〇一三年三月二二日朝刊二社会「桜宮高歴代校長に責任　体罰放置、教頭も　外部監察報告【大阪】」
（15）大阪市【報道発表資料】教職員の懲戒処分について二〇一三年三月二六日、http://www.city.osaka.lg.jp/hodoshiryo/kyoiku/0000212715.html、二〇一三年一一月一五日閲覧。
（16）同前。
（17）外部監察チーム報告書、二〇一三年四月三〇日、大阪市HP「外部監察チームより桜宮高等学校の事案にかかる報告書を受領しました」のページに掲載されたもの。（http://www.city.osaka.lg.jp/kyoiku/page/0000217951.html）、二〇一三年一一月一五日閲覧。
（18）同前二頁。
（19）同前一〇頁。
（20）同前一四頁。
（21）同前一八頁。
（22）同前二七頁。
（23）同前三七頁。
（24）地方公務員法第三〇条（服務の根本基準）。
（25）県費負担教職員のこと。
（26）文部科学省調査データ「教育職員に係る懲戒処分等の状況について」参照。
（27）文部科学省調査データ「教育職員に係る懲戒処分等の状況について」参照。
（28）「おいつめてやるからな」の意。
（29）朝日新聞二〇〇三年一一月二七日朝刊二社会面「生徒に「カス」殴るける　体罰・暴言の教諭免職　北九州【西部】」。

(30) 朝日新聞二〇〇五年五月一七日夕刊二社会面「体罰で懲戒免職の教諭復職　北九州市の人事委裁決【西部】」。
(31) 朝日新聞二〇〇一年七月一九日朝刊三社会「教師の体罰、容認派六八％　北九州市が人権意識調査【西部】」。
(32) 同前。
(33) 朝日新聞二〇〇〇年一一月二〇日朝刊一社会面「女児七人に全裸体罰、「動物になって反省を」　熊本・小三男性担任」。
(34) 朝日新聞二〇〇〇年一一月二一日朝刊二社会面「児童全裸体罰の教諭を自宅待機に　熊本」。
(35) 朝日新聞二〇〇〇年一一月二八日夕刊二社会面「やっぱり裸、見ていた　体罰の教諭が認める　熊本」。
(36) 朝日新聞二〇〇〇年一二月五日朝刊一社会面「女児全裸体罰の教諭を懲戒免職　熊本・玉名郡の小学校【西部】」。
(37) 朝日新聞二〇〇〇年一一月二九日朝刊熊本一面「「教育への信頼失墜」　玉名郡内の全裸体罰事件／熊本」。
(38) 学校完全週五日制は二〇〇二年四月からの実施のため、二〇〇〇年当時この日は通常授業日である。
(39) 朝日新聞前掲、「「教育への信頼失墜」　玉名郡内の全裸体罰事件／熊本」。
(40) 朝日新聞二〇〇〇年一二月一日夕刊一社会面「教諭、男女児童二〇人に「服脱げ」　熊本の全裸体罰問題【西部】」。
(41) 朝日新聞二〇〇〇年一二月二日朝刊熊本一面「「教諭に厳正処罰を」　児童全裸体罰事件で保護者説明会／熊本」。
(42) 朝日新聞二〇〇〇年一二月二日朝刊一社会面「学校関係者を法務局が聴取　熊本の全裸体罰問題【西部】」。
(43) 朝日新聞前掲、「女児全裸体罰の教諭を懲戒免職　熊本・玉名郡の小学校【西部】」。
(44) 文部科学省調査データ「教育職員に係る懲戒処分等の状況について」参照。
(45) 文部科学省調査データ「教育職員に係る懲戒処分等の状況について」をもとに、筆者作成。
(46) 文部科学省調査データ「教育職員に係る懲戒処分等の状況について」をもとに、筆者作成。
(47) 横浜市教育委員会「懲戒処分の標準例・処分量定一覧」（横浜市教育委員会ホームページより、http://www.city.yokohama.lg.jp/kyoiku/、二〇一三年一一月六日最終閲覧）。
(48) 横浜市教育委員会ＨＰより、同前ＵＲＬ。

(46) 同前URL。
(47) 同前URL。
(48) 同前URL。
(49) 横浜市教育委員会事務局西武学校教育事務所教育総務課教職員人事部教職員人事課、横浜市記者発表概要、二〇一三年七月二九日、同前URL。
(50) 同前、二〇一三年七月二九日。
(51) 横浜市教育委員会作成の「懲戒処分の標準例・処分量定一覧」をもとに筆者作成。
(52) 前掲、横浜市教育委員会事務局、二〇一三年二月二一日。
(53) 同前。
(54) 同日付で、学務事務主査が窃盗による現行犯逮捕で停職六か月の処分に対して述べている。
(55) 横浜市教育委員会事務局西部学校教育事務所教育総務課教職員人事部教職員人事課、横浜市記者発表概要、二〇一二年八月三〇日、同上URL。
(56) 同上、二〇一二年八月三〇日、同上URL。
(57) 朝日新聞二〇一二年七月一四日朝刊、二社会面「障害児に体罰・侮辱　刃物見せ、暴言、感電させるふり　神戸・小学校教諭、懲戒免【大阪】」。
(58) 文部科学省「体罰の実態把握について（第二次報告）」二〇一三年八月六日発表。
(59) 体罰と疑われる行為も含む。
(60) 運動部活動の在り方に関する調査研究協力者会議「運動部活動の在り方に関する調査研究報告書〜一人一人の生徒が輝く運動部活動を目指して〜」二〇一三年五月二七日。
(61) ここではスポーツ基本法（平成二三年六月二四日法律第七八号）第二条二項が例示されている。「スポーツは、とりわけ心身の成長の過程にある青少年のスポーツが、体力を向上させ、公正さと規律を尊ぶ態度や克己心を培う等人格の形成に大きな影響力を及ぼすものであり、国民の生涯にわたる健全な心と身体を培い、豊かな人間性を育む基礎となるものである…（以下略）」。

(62) 中学校学習指導要領（平成二〇年三月）第一章総則「第4　指導計画の作成等に当たって配慮すべき事項」の「2　以上のほか、次の事項に配慮するものとする」の（13）に記載されている。「生徒の自主的、自発的な参加により行われる部活動については、スポーツや文化及び科学等に親しませ、学習意欲の向上や責任感、連帯感の涵養等に資するものであり、学校教育の一環として、教育課程との関連が図られるよう留意すること。その際、地域や学校の実態に応じ、地域の人々の協力、社会教育施設や社会教育関係団体等の各種団体との連携などの運営上の工夫を行うようにすること」。

(63) 朝日デジタル二〇一三年一〇月三一日「名門道場に任せきり、この安全後回し　相模原・柔道体罰」。

(64) 大阪市教育委員会「体罰・暴力行為を許さない開かれた学校づくりのために　体罰・暴力行為の防止及び発生時の対応に関する指針　児童生徒の問題行動への対応に関する指針」二〇一三年九月をもとに作成。

(65) 大阪市教育委員会資料をもとに、筆者作成。

(66) 大阪市教育委員会「大阪市部活動指針～プレイヤーズファースト」二〇一三年九月。

第二章

学校教育法が禁止する「体罰」とは何か

―「『体罰』の禁止」をめぐる法規範と問題点―

前田　聡

第一節　はじめに

第一項　問題の所在

『近代公教育の陥穽』と題し、「体罰」の「読み直」しを試みる本書における本章の課題は、「体罰」をめぐる法的問題を分析することである。

すなわち本章では、教員が生徒に対して「懲戒」を行うにあたり「体罰」を加えることを禁止する学校教育法（以下「学教法」と略記することがある）一一条但書のいわゆる「体罰禁止規定」、とりわけ「体罰」概念をめぐる法解釈論を整理し、分析することを通じて、同規定の問題点を明らかにする。[1]

学教法一一条は、まず本文において「校長及び教員は、教育上必要があると認めるときは、文部科学大臣の定めるところにより、児童、生徒及び学生に懲戒を加えることができる」として、学校の校長と教員（本章はこれら二者を、分けて論じる必要がない限り、便宜的に「教員」とまとめて称する）が、児童、生徒、学生（これら三者も、以下本章は便宜的に「生徒」とまとめて称する）に対して懲戒を行う権限を認める。そして本文につづく但書において「ただし、体罰を加えることはできない」と規定し、明示的に体罰を禁止する。

しかし、実際には周知の通り、体罰の問題は後を絶たない。第一章において詳細に検討された、いわゆる桜宮高校事件は、体罰をめぐる問題の重大性、深刻性を改めて社会につきつけ、体罰の是非をめぐり大きな議論をひきおこした。しかしながらそのような状況の中で、今度は別の高校において部活動の指導中に当該部活動の顧問教員が体罰を加え、しかもその様子をおさめた映像がインターネット上に配信されるという事件も生じている(2)。

社会において耳目を集める体罰事件の背景には、総数としては決して少なくない件数の体罰が潜んでいると疑われる。実際、先に触れた大阪府内の高校生の自殺事件を受けて、文部科学省が国公私立学校約三八、〇〇〇校に対して実施し、とりまとめて公表した「体罰に係る実態把握（第二次報告）の結果について」（二〇一三年八月九日）によると、体罰が発生した学校数は四、一五二校、発生件数は六、七二一件であった。この調査では、児童生徒やその保護者へのアンケート調査等を通じて詳細を把握しようと努めたとされる。ただその一方で、具体的にどのような調査方法を採用するかについては各都道府県の教育委員会に委ねられていることから、都道府県間での実態把握にばらつきがあると指摘されている(3)。そのため、体罰についての実態を正確に捉えることができているか、疑問を呈する余地がある。

しかしながら、この調査からは、体罰禁止規定の存在にもかかわらず、局所的ではあっても学校現場においては今なお体罰を用いた指導が、「有効な」あるいは「必要な」ものとして用いられている可能性があることを看取することができるだろう。

ところで、本章は先に「体罰の是非をめぐり」議論がひきおこされている、と述べた。「体罰禁止規定」の存在にもかかわらず、である。この点について実際のところ、私たちは次のような主張に接することがある。

自分が子供の頃は親や教師、先輩からも殴られた。小学校担任からはルールを破ったときにたたかれ、深く反省した。逆に高校時代、みせしめ的にたたかれたときは反発した。体罰には良い体罰と悪い体罰がある。だから体罰を全否定すると、もっとひどいひずみを生む。殴られたことがなければ、その痛さや不条理さ、殴られない、ありがたみも分からない[4]。

いうまでもなく体罰は悪い。厳しい対処は当然だ。それでも、禁じられた行為だと覚悟のうえでふるわれる熱血教師の『愛のムチ』があり得ることも信じたい[5]。

ここに示した見解にもあるように、世上しばしば「よい体罰」や「愛の鞭」というものがあり、それらまで否定することは行き過ぎである、などといわれることがある。

こうした「よい体罰」論、あるいは「愛の鞭」論とでもいうべき、体罰を限定的にではあれ肯定する見解に積極的に賛同し、あるいは少なくとも共感を覚える人々は、決して少なくなかろう。繰り返すが、学教法一一条但書は「体罰」を禁止しているにもかかわらず、つまり、「体罰」は違法行為であるとされているにもかかわらず、である。

こうした主張が根強く存在することこそが、冒頭に紹介した事件や調査結果が示す体罰の実態を支える土台であるといってよいだろう。

このような現実を踏まえた上で、改めて学教法一一条に目を向けたとき、私たちは法規範と実態の乖離あるいは齟齬を認めざるを得ない。そして体罰をなくすための方策を講じ、実践することを通じてこの齟齬を解消することが喫緊の課題であることはいうまでもない。

しかし、その齟齬を解消するために、私たちには改めて考えて直すべき問題があるように思われる。それは、「なぜ、体罰をめぐって法規範と実態の齟齬が生じるのか」という問題である。なぜ、体罰は生じるのか。なぜ、体罰を行ってしまう教員や、それを支持するような根強い世論が絶えないのか。齟齬を解消するためには、これらについての考察（あるいは反省）が必要なのではないか。本章は、この齟齬の理由について、法律学（法解釈学）の立場から検討する。(6)

第二項　本章の構成

以下、本章は次のように考察を進める。

まず第二節において、体罰禁止規定を検討する前提として学教法一一条本文が規定する、教員の生徒に対する懲戒権について概観する。ここでは、そもそも生徒に対する懲戒は何のために行われるべきものと理解されているのかを中心に、従来の議論を整理する。

次に第三節において、学教法一一条但書の体罰禁止規定の歴史的背景を確認する。先行研究に依拠して体罰禁止規定の歴史をごく簡単に概観するとともに、戦前における体罰禁止規定をめぐる裁判例を確認し、そこで「体罰の禁止」がどのように捉えられていたのかを整理する。

そのうえで第四節から第六節において、現行の学教法一一条但書が禁止する「体罰」とは何かをめぐる、これまでの行政解釈（第四節）、裁判例（第五節）、そして学説（第六節）の議論を整理したうえで、それぞれの考え方について分析を行う。

　第七節では、以上の整理、分析を踏まえたうえで、体罰禁止規定をめぐる問題点を析出し、法規範と実態の齟齬が生じる原因について法解釈学の立場から若干の考察を行う。

　なお、本章は日々教育実践に取り組まれる現職教員の方々に多少なりとも参照いただけるよう、とりわけ行政解釈と裁判例の内容については、多少立ち入って紹介している。まず体罰をめぐる法的規律の現状を概観したいという方々は、本章第四節、第五節からご参照いただきたい。(7)

第二節　学校教育法一一条本文—教員の生徒に対する「懲戒」—

　本節では、体罰禁止規定を考察する前提として、学教法一一条本文が規定する教員の生徒に対する懲戒権について検討する。まず、第一項において教員の生徒に対する懲戒権をめぐるこれまでの議論を整理する。次に、第二項において親の子に対する懲戒権（民法八二二条）と対比しながら、教員の生徒に対する懲戒権の特質について確認する。

　学教法一一条を改めて掲出して確認する。学教法一一条は、「校長及び教員は、教育上必要があると認めるときは、文部科学大臣の定めるところにより、児童、生徒及び学生に懲戒を加えることができる。ただし、体罰を加えることはできない。」と規定する。まず本文において、教員の生徒に対する懲戒権を認める。そして但書において、その懲戒権の限界として体罰の禁止を規定する。したがって、体罰禁止規定について考えるには、その前提として、そもそも学教法一一条本文が規定する懲戒権について理解しておく必要があろう。換言すれば、体罰禁止規定の意義は、学教法一一条本文が規定する懲戒権の趣旨をどのように理解するかによって左右されるはずであり、だからこそ懲戒権について確認する必要があるといえるわけである。

第一項　教員の生徒に対する懲戒権（学校教育法一一条本文）

一　「懲戒」

まず学教法一一条本文における「懲戒」という概念の意義について確認する。

「懲戒」とは、一般的には「特定の身分関係における紀律維持のために、一定の義務違反に対して人的な制裁を科す制度[8]」であると解されている。具体的には、労働関係における被用者の非違行為や、公務員関係に基づく公務員の非違行為を理由として、それらの関係の内部における紀律維持の観点から、被用者・公務員に対して科される戒告や出勤停止（停職）、懲戒解雇（免職）等の制裁のことを「懲戒」と呼ぶわけである。また、後述するように、民法は親子関係において、親が子に対して行使する親権としての監護養育権の一内容として「懲戒権」を規定している（民法八二二条）。これも先の「懲戒」の意義を踏まえていえば、親子という「特定の身分関係における……一定の義務違反に対して人的な制裁を科す」仕組みであるといえるだろう。

二　教員の生徒に対する懲戒権の特質

ここに述べた一般的な「懲戒」の意義を踏まえれば、教員に認められた生徒に対する懲戒権に基づく懲戒とは、学校内における教員と生徒という「特定の身分関係における紀律維持のために、一定の義務違反に対して人的な制裁を科す制度」であるといえる。すなわち、「学校における懲戒は、児童生徒の学校の利用関係に根拠をもち、児童生徒が利用関係の規律に違反した場合に、学校が行う制裁であ」り[9]、「学校が学校としての秩序を維持し教育目的を達成するため[10]」に「必要な合理的範囲内で児童生徒の行為に規制を加えたり、指示をしたりすることができる[11]」ものである[12]。

だが、教育法学においては、学教法一一条の「懲戒」は、他の懲戒の制度、つまり、労働関係や公務員関係における懲戒とは異なる意義をも兼ね備えたものとして理解されていることに注意しなければならない。

前述のとおり学教法一一条は、教職員が「教育上必要があると認めるとき」に、「文部科学大臣の定め」により、生徒に懲戒を加えることができるとしている。そしてこの規定を受けて、学校教育法施行規則二六条一項は、「校長及び教員が児童等に懲戒を加えるに当つては、児童等の心身の発達に応ずる等教育上必要な配慮をしなければならない」と規定する。

つまり、学教法一一条に基づいて教員が生徒に対する懲戒を実施するには、「教育上必要があると認められるとき」という要件を満たす必要がある。また、学教法施行規則二六条一項の定めにより、教員が懲戒権を行使するにあたっては「教育上必要な配慮」が要求される。

この「教育上」の「必要」性、あるいは「教育上必要な配慮」こそが、学教法一一条の定める懲戒権を特徴づけるものであるといえよう。すなわち、学教法一一条の定める懲戒は、労働関係や公務員関係における懲戒とは異なり、「学校教育秩序を維持するため、または本人に対する教育上の必要から」[13]（傍点は本章筆者）加えられる制裁である、と理解されているのである。換言すれば、一般には「特定の身分関係における紀律維持のため」に行使されるべきはずの懲戒権が、学教法一一条の下にあっては、紀律維持とは異なる「教育上必要な配慮」という観点から行使される権限として位置づけられていることを意味しているわけである。

この点につき、教育法学説の見解を整理しておく。

たとえばある見解は、確かに生徒に対して行われる懲戒のうち退学処分のようなものは教育的価値の乏しいものであり、「むしろ秩序維持あるいは他の生徒への配慮というような観点が比較的強い」と考えられるが、しかし、それでも退学を含む懲戒について現行法が「第一次的には、その懲戒を受ける児童・生徒に対する教育的配慮を要求しているのは無視できない」と指摘している[14]。この見解は、紀律違反に対する制裁という懲戒についての一般的な理解を基本としつつ、「生徒に対する教育的配慮を要求しているのは無視できない」として、「教育上」の「必要」性や「教育的配慮」を重視しているとみることができる[15]。

これに対して別の見解においては、教員の懲戒権の理論的な性質を明らかにしつつ、懲戒を秩序維持的な観点よりも教育的観点を重視して把握すべきとする態度が打ち出されている。すなわち、かかる見解においては、教員の生徒に対する懲戒権を規定した学教法一一条は、「学校教師に公権力的権限としての懲戒権をとくに授権したもの[16]」ではなく「学校教師による懲戒がもっぱら教育目的のために教育権の一環にほかならないこと（教育的懲戒権）[17]」を確認し、あるいは「教師に属する専門的教育権の一環として行使される懲戒権を、確認的に規定したもの[18]」であるとした上で、「教育作用として広義の生活指導の中に位置づけられる学校の懲戒では、秩序維持的観点よりも、子どもの人間的成長発達と学習権を保障する人間教育的見地が重視されるべき[19]」だという[20]。ここでは、学教法一一条が規定する懲戒権は、秩序維持のための手段としての性格よりも、むしろ、懲戒を受ける本人をはじめとする生徒らに対する教育の手段としての性格を前面にして理解されている点に注目すべきであろう。

　さらに、教員に認められた懲戒権は「教育的懲戒権」であるという理解を前提に、こうした教員による生徒に対する懲戒の特性として、「教師の懲戒が、単なる紀律維持のための制裁とは異なった教育作用であ」って、「教師の行う懲戒は、子どもの人間的成長を促す生活指導の一環に位置づけられるが、その制裁措置としての強制性で、単なる生活指導から区別される」とも論じられている[21]。

　これらの見解にみられるような、学教法一一条が定める懲戒は、「教育上」の「必要」性、あるいは「教育上必要な配慮」のもとに行われるべきとされており、それはもっぱら秩序維持の観点から説明される労働関係や公務員関係における懲戒とは異なるものとして解されているという点は、体罰禁止規定について考えるにあたって十分に意識しておくべきことであろう。

三　学教法一一条が想定する懲戒の態様

　さて、学教法一一条は実際に行われるべき「懲戒」として、いかなる態様のものを想定しているのか。以下確認する。

学教法一一条は、教員は「文部科学大臣の定めるところにより」生徒に懲戒を行いうると定めている。そしてこの規定を受けて、学校教育法施行規則二六条二項は、「懲戒のうち、退学、停学及び訓告の処分は、校長（大学にあっては、学長の委任を受けた学部長を含む。）が行う」と規定している。

以上の規定から、学校教育法一一条にいわゆる「懲戒」には、種々のものが想定されること、また、そのなかでも「退学、停学及び訓告の処分」については、その処分権者が「校長」に限定されているため、ある特定の懲戒については、実施権者が限定されているのだということを確認することができる。以下この点について整理する。

講学上、また実務上、学校教育法一一条が想定している懲戒行為は、大きく二種に大別されている。ひとつは、学教法施行規則二六条二項が列挙している「退学、停学及び訓告の処分」という、生徒の法的身分に影響を与えうる内容の懲戒行為であり、これらは「懲戒処分」[22]と呼ばれる。これらは上述の通り学教法施行規則二六条二項の規定により、校長が行うものとされている。[23]

これに対してもうひとつは、生徒の素行を口頭で注意し、あるいは叱りつけ、指導するといった、日常的に行われる類の懲戒行為であり、これらは「事実上の懲戒」[24]とか「事実行為としての懲戒」[25]と呼ばれる。こうした事実上の懲戒については懲戒処分と異なり実施権者に限定はなく、教員すべてが実施しうる。

そして、学教法一一条但書は「体罰」を禁止するわけであるが、これは前述の分類でいうと後者、つまり「事実上の懲戒」についての明文による限界である、ということができる。

四　学教法一一条の法的効果

以上、教員の生徒に対する懲戒権を認める学教法一一条の規定について概観してきた。では、学教法一一条が懲戒権を認めるということは、法的にいかなる意味を持つのか。ここでその点について確認する。

学教法一一条が教員に対して懲戒権を付与するということは、懲戒行為として正当な範囲内に含まれる行為については、懲戒権の行使として法的に正当化されるということ、換言すれば当該行為について違法と評価されることはなく、したがって法的責任を追及されない、ということになる。

このことを逆に言えば、懲戒行為として正当化することのできない行為については、当該行為により精神的あるいは肉体的に損害を被った生徒やその家族から損害賠償を請求されたり（民事責任〔不法行為責任〕。民法七〇九条、同七一〇条）、あるいは、当該行為が刑法上処罰対象となる行為に該当するのであれば、刑罰を科されたり（刑事責任。たとえば傷害罪〔刑法二〇四条〕、暴行罪〔同二〇八条〕など）することを意味する。

さらに、公立学校の教員であれば、当該行為を行ったことが公務員法（地方公務員法）上の懲戒事由に該当するとして、公務員法上の懲戒の対象となり、また国立学校、私立学校の教員であれば、当該学校を設置する法人の就業規則上の懲戒事由に該当するとして、労働関係上の懲戒処分の対象となりうることを意味している。

第二項　親の懲戒権（民法八二二条）との対比

以上前項では、学教法一一条本文が教員に認める生徒に対する懲戒権の意義と内容を概観してきた。ここで、教員の生徒に対する懲戒権の意義を考える上で、しばしばそれと対比されることのある、親の子に対する懲戒権（民法八二二条）を確認しておきたい。実際、後述するように、教員の生徒に対する懲戒権は、親の子に対する懲戒権に比して論じられ、教員の生徒に対する懲戒権は、いわば「親代わり」として行使されるものだ、という議論も見受けられた。そのことから考えると、ここで親の懲戒権の意義を確認することは、教員の懲戒権の意義を考える上で必要なことであると思われる。

民法八二二条は「親権を行う者は、第八二〇条の規定による監護及び教育に必要な範囲内でその子を懲戒することができる」と規定する。これは、「親の子を哺育・監護・教育する職分[26]」あるいは「子を一人の社会人として養育すべき親の職分[27]」たる「親権」のうち、身上の監護の一環としての親による子に対する懲戒権を認めた規定である。すなわち、「親権者による子の監護教育上から見ての子の非行、過誤を矯正善導するために、その身体または精神に苦痛を加える制裁であり、一種の私的な懲罰手段[28]」たる懲戒を認めた規定であるということができる。なお同条は以前、親権者が自ら懲戒をなすのみならず、家庭裁判所の許可を得て子を「懲戒場に入れることができる」旨の規定を含んでいた（二〇一一年改正前の民法八二二条一項。なお同二項も参照）。しかし、「懲戒場」は実際には存在せず、結果として死文化しており、二〇一一年にこの「懲戒場」についての規定が削除されるとともに、懲戒権そのものについても、単に「必要な範囲内で」行いうるとしていた規定を「第八二〇条の規定による監護及び教育に」

必要な範囲内で懲戒をなしうる旨の規定に改められている。

この、親の子に対する懲戒権につき、本章が注目したいと考えるのは、次の二点である。第一に、親による懲戒権の行使として想定され、あるいは正当化される「懲戒」行為の内容であり、第二に、かかる懲戒権を第三者に委託することが可能か否かについての学説上の議論である。以下、この二点につき概観していく。

一　懲戒行為として想定される内容

第一に、親による懲戒権の行使として想定ないし正当化される「懲戒」行為の内容という点については、親権（のうち、身上監護権）の一環としての懲戒権の行使にあっては、有形力の行使にあたる手段が想定され、あるいは正当化されていた、という点に留意する必要があろう。

この点を具体的に見ていくと、まず、早い時期の学説が、「監護教育のためには、時に『愛の鞭』を必要とする。しかし、その限界は、社会の倫理観念によって定まる。これを越える場合には、親権の濫用であるばかりでなく、暴行罪を構成する[29]」と説いている点が注目される。

さらに、別の学説はより詳細に次のように述べる。すなわち、「未成年者の監護教育のためには単なる口頭による訓戒だけでは足らず、時には『愛の鞭』を必要とすることがあるので、民法も親権者みずからによる懲戒権の行使と他の機関による懲戒を規定して[30]」おり、「懲戒のためには、しかる・なぐる・ひねる・押入に入れる・禁食せしめるなど適宜の手段を用いてよいであろうけれども、いずれも『必要な範囲内』でなければならない[31]」と[32]。つまり、「愛の鞭」という表現によっても表されているように、また、具体的に「しかる・なぐる・ひねる」等の行為が列挙されて説明されていることからもわかるように、子の身体に対する直接的な侵襲的行為が「懲戒」の名の下に許容されていたわけである。

無論、こうした早い時期の学説においても、これらの手段は無制約なものではありえず、「その限界は、社会の倫理観念[33]」によって制限され、あるいは「その社会、その時代の健全な社会常識による制約を逸脱するものであつてもならない[34]」とされ、そうした制約を逸脱した場合には、「親権の濫用として親権喪失の事由となり[35]」、あるいは刑事責任を追及されるなどすることも合わせて説かれていた[36]。また、実際の裁判例の中には、懲戒の方法と程度については、「その親子の社会的地位、境遇、子の年齢、体格、性質並びに非行の種類、態様及び性質等により、個個の場合の具体的事情に基き一般社会人に於いて妥当適切と首肯できるものでなければならない[37]」という考え方を示して、限界を画そうとするものが散見される。

この点は、後に言及する一九四八年の旧法務府による学教法一一条但書の解釈において挙示されている「体罰」に当たる行為の具体例と付き合わせて考えてみると、極めて興味深い点である。後述するように、旧法務府は、学教法一一条但書が禁止する「体罰」の具体例として、生徒に対する直接的な暴力行為のみならず、かなり広範囲の「肉体的苦痛」を与える行為を想定していたからである。

もっとも、一見すれば比較的広く有形力の行使を認めるかのように見られる、以上のような懲戒権についての理解は、時代が下るにつれて変化していることにも留意する必要がある。とりわけ今日では、児童虐待の増加、深刻化という現実の前に、学説においても親の子に対する懲戒権について再考が行われている。

すなわち、今日では、親の子に対する懲戒権についての規定たる民法八二二条の削除を求める見解[38]や、さらにすすんで、同条を削除したうえで、「深刻な児童虐待をする親はそれを『しつけ』と認識していることが多く、現行民法八二〇条の教育に含まれる以上の懲戒権を規定することは、むしろ危険が大きい」と考えられることから、体罰禁止を明示化する形で、「子は、暴力によらず教育される権利を有する」旨の規定を導入すべきである、との主張[39]もなされていることが注目される。要するに、親の懲戒権の行使に当たって、以前は許容されると考えられていた有形力の行使が次第に制限される方向で議論が進んでいる点に注意する必要がある。

二　教員の懲戒権との関係

第二に、懲戒権を第三者に委託することが可能か否かに関する民法学説をみておきたい。後述するように、教員の生徒に対する懲戒権を、親の子に対する懲戒権になぞらえて理解する、という考え方が戦前の判決において採用されていたこともあるため、教員の生徒に対する懲戒権の意義を考える上で、この点は確認する必要があると考えられるからである。

やはり初期の学説をみてみると、「端的に懲戒のみの委託をなすことができるかは問題ではあるけれども、親権者の手に負えない子の懲戒を学校の先生等子供のよき導き手と目される者に（包括的委託でなく）限定された目的のため個別委託することは必ずしも否定的に解されるべきではないであろう[40]」とされている点が注目される。つまり、親の懲戒権を教員に委託するという考え方があったことに留意する必要がある。

だが戦後の裁判例においては、教員の懲戒権を親の懲戒権になぞらえて理解する、いわば「親代わり」としての教員の懲戒権とでもいうべき考え方は、否定されているといってよい。この点についての裁判例は第五節第一項で取り上げる。

以上本節では、体罰禁止規定を考察する前提として、そもそも教員の生徒に対する懲戒権について規定する学教法一一条本文について確認してきた。そのなかで、親の子に対する懲戒権とも対比しつつ、学教法一一条に基づく懲戒権は、秩序維持が重視される労働関係や公務員関係における「懲戒」とは異なり、「教育上」の「必要」性、「教育上必要な配慮」が重視されることを確認したうえで、想定される懲戒の態様、学教法一一条の法的効果を確認した。

以下第三節以降において、本章の主題たる体罰禁止規定についてみていく。

第三節　学校教育法一一条但書の背景

第一項　学教法一一条但書の歴史的背景

まず、この第三節では、学教法一一条但書、つまり「ただし、体罰を加えることはできない。」とする規定の歴史的背景について概観していく。

先行研究[41]で明らかにされているとおり、日本では比較的古くから法令上明示的に教員による生徒に対する体罰が禁止されてきた。すなわち、一八七九年（明治一二年）の教育令四六条において、「凡学校ニ於テハ体罰殴チ或ハ縛スルノ類ヲ加フヘカラス」と規定された。世界的に見てもかなり早い時期から体罰禁止法制を実現した[42]ことには、「東洋諸国の拷問制度が不評で条約改正の妨げになることから発せられた明治一二年一〇月八日の拷問廃止令と軌を一にするものであろうか[43]」との指摘がある。

以来、日本の学校教育法制中には、体罰の禁止が繰り返し規定されてきた[44]。とりわけ、一九〇〇年の小学校令四七条、一九四一年の国民学校令二〇条の規定は、小学校の教員や国民学校の職員は「教育上必要ト認メタルトキハ児童ニ懲戒ヲ加フルコトヲ得但シ体罰ヲ加フルコトヲ得ズ」と規定している。対比すればわかるように、今日の学教法一一条の規定の体裁にかなりの程度類似している。そして実際、学教法施行直後に刊行された解説書類においては、学教法一一条は「國民學校令第二〇條に由来している[45]」とか、国民学校令に「大體において同じような規定[46]」があるとして「新しい規定ではない[47]」旨、指摘されていた[48]。

では、戦前からの歴史を有する体罰禁止規定を戦後の学教法の中に盛り込んだことに、積極的な意図はあったのか。この点につき、ある論者は、学教法の制定過程の分析を踏まえたうえで、学教法一一条の成立には「文部省における教育的意図（子どもの人権保障の観点）は何ら見出すことができ」[49]ず、「法制局における旧法制との調整のために、法整備的意図が見出されるのみ[50]」であり、「体罰が子どもの人権を侵害する行為であると捉え直されることなく、たんに旧法制を無反省に引き継いだだけであり、文面上においても観念上においても、旧法制との断絶はなかった[51]」と指摘している。確かに実際、国会の審議を瞥見する限りでも体罰禁止規定について議論された形跡はとくに見当たらない。少なくとも学教法制定当時においては、同法一一条但書は、何か強い意図をもって制定されたとはいえないものだったと評することができよう。

第二項　戦前における体罰禁止規定を巡る裁判例

ここで便宜上、第一項で確認した戦前の体罰禁止規定がどのように機能していたのかについて、ここで簡単にみておきたい。前述の通り法令上体罰が明文で禁止されていたにもかかわらず、「體罰の禁止が勵行されてゐるか否かは誠に疑はしい事」で、「むしろ體罰禁止の實行されてゐる所の方が少いのではないか[52]」との指摘がみられるように、実際には体罰が横行していたといわれている[53]。本章は、この指摘を踏まえて、体罰禁止規定の法解釈に焦点を当てるという見地から、戦前における体罰禁止規定についての裁判例を概観する。

一　大審院大正五年六月一五日判決

戦前の体罰禁止規定についてのリーディング・ケースとして、大審院大正五年六月一五日判決（『大審院刑事判決録』二二輯、一一一一頁以下所収）が挙げられる。以下確認していく。

尋常小学校の一年生の授業を妨害した「不遜ノ擧動アリタル」三年生の児童に対し、直立を命じようとして胸をつかんでひいたところ、誤って倒して負傷させたという事案につき、次のように判示している。

すなわち大審院は、当時の小学校令四七条は小学校長及び教員が教育上必要と認めるときに児童に対して懲戒を加えることを認めているけれども、「校長及教員カ叙上ノ懲戒權ヲ行フニ付キテハ須ク周到ナル注意ヲ用ヒ苟モ之カ爲メニ兒童ノ身體ヲ傷ケ其健康ヲ害スルカ如キ結果ノ發生ヲ避止スヘキハ校長及教員タル職務上當然ノ義務」である、と述べたのである（以上引用文中の傍点は原文）。

かかる理解は、一方で確かに教員の懲戒権に限界を画する役割を有するものの、他方で「兒童ノ身體ヲ傷ケ其健康ヲ害スルカ如キ結果ノ發生ヲ避止」できる範囲内であれば、有形力の行使も容認されうるかのような考え方を示すものともいえる。[54] 実際、この事件にあっては、「教室ノ秩序ヲ害シ教員ヲ侮蔑スル」児童の行為につき、教員が「訓戒ヲ加ヘンカ爲メ其直立ヲ命スルカ如キハ被告ノ有スル懲戒權ノ適法ナル行使」であり、その命令に従わずに逃げようとする児童に対して「相當ノ力ヲ加ヘ」て懲戒権を行使することは、「敢テ不法ノ行爲ト謂フヘカラス」と述べられていることからも、一定程度の実力の行使が容認されていたことが推知される。

二　福岡地裁久留米支部昭和五年一一月二六日判決

もうひとつの事案を挙げる。福岡地裁久留米支部昭和五年一一月二六日判決（『法律新聞』三二一一号、四頁以下所収）[55]である。以下確認していく。

尋常小学校四年生の生徒が、親の認印をもらうべき提出物につき、自分で印を押してきたことが発覚したため、担任教員が殴打したという事案[56]につき、裁判所は次のように判示している。

すなわち、体罰が禁止されていることは小学校令四七条に規定されているとおりであり、懲戒を加えるにあたっては「兒童の性行體質其の他諸般の事情を參酌し體罰に亘らざる範圍内に於て寛嚴宜しきを得ざるべからざるや言を俟たず」。本件担任教員の行為は「傷害の結果を伴はざる程度のものとは云へ訓育を主たる目的とする小學校教員の執るべき穏當なる處置」とはいえず、当該教員の「自省を要する」ものであるが、しかし「身體に傷害を來さざる程度に輕く叩くが如きは夫の父兄が其の保護の下にある子弟に對し懲戒の方法として屢々施用し居れる事例にして此の事例に照せば兒童の保護訓育に任ずる小學校教員が兒童に對し懲戒の手段として斯る程度の力を加ふることを得ずと爲すは社會通念上妥當なる見解」とはいえない（以上引用文中の傍点は原文）。

本判決は、まず、体罰が禁止されている旨を確認しつつも、あわせて懲戒権の行使にあたっては個々の児童の事情を「參酌」したうえで「體罰に亘らざる範圍内」において行使されなければならないことを指摘する。このことから、本判決が先にみた大審院判決に示された考え方を踏襲しているとみることができる。[57]ということは、本判決もまた、「體罰に亘らざる範圍内」においては、一定程度の実力の行使も許容されうるという考え方に立っている、ということができるだろう。

次に注目されるのは、本判決が、そのうえで、本件担任教員の所為が小学校教員として「自省を要する」ものであったと批判しつつも、「身體に傷害を來さざる程度に輕く叩くが如き」行為について、しばしば父兄がその保護下にある子弟に対して懲戒として行っていることに照らせば、小学校教員がその程度の力を加えることができないとするのは「社會通念上妥当」でない、としている点である。この点は、体罰が禁止されているにもかかわらず「身體に傷害を來さざる程度に輕く叩くが如き」行為を、民法が規定する親の懲戒権行使に対比させつつ「社會通念」を通じて正当化するという判断であり(58)、裁判所が教員の懲戒権をどのよう理解していたかを考える上でも重要といえよう。

三　戦前の裁判例・小括

以上、戦前における二つの判決をみてきた。以下、そこから読み取りうる体罰禁止規定の解釈とその問題点を指摘しておく。

以上の二判決から読み取りうるのは、まず何よりも、法令上体罰が明文で禁止されていたが、しかし法令上禁止されていた体罰に及ばない程度の有形力の行使が、かなりはっきりと許容されていた、という点である。

そして、その許容される有形力の行使とは、先にみた大審院判決にもあるように「身體ヲ傷ケ其健康ヲ害スルカ如キ結果」が生じない範囲のものである。そうであるならば、教員が懲戒権を行使するにあたって行使することが許される有形力の程度は、決して狭いものではないと考えられる。

しかし、体罰禁止規定について以上のような理解を採った場合に、はたして体罰禁止規定がその文言通りに体罰を規制しうるかについては、疑問が生じる。

実際のところ、先にみた福岡地裁久留米支部判決が説く、「體罰に亘らざる範圍内」の有形力の行使の連続線上に「體罰に亘」る有形力の行使が控えているはずである。そして、ある有形力の行使が「體罰に亘らざる範圍内」に止まるか、それともそれを踏み越えて「體罰に亘」るものとなるかは、「やってみなければわからない」はずであろう。換言すれば、ある懲戒権の行使が行き過ぎたものとなるか否かは、実際に行使してみなければわからないはずである。

そうであるならば、体罰へとつながりうる有形力の行使を否認しない解釈（少なくともさきの二つの判決は、体罰に至らない有形力の行使それ自体に消極的な立場であるとは評しがたい）は、実際上、体罰禁止規定をどの程度実効的ならしめたものであったか、疑問を呈することができるだろう[59]。

以上本節では、学教法一一条但書の歴史的背景と、戦前の体罰禁止規定の裁判上での取り扱いについて確認した。一八七九年の教育令四六条以来の歴史を有する体罰禁止規定は、戦後制定された学教法にも盛り込まれたが、その立法理由は必ずしも明確ではなかったこと、また、戦前の体罰禁止規定をめぐる裁判では、「體罰に亘らざる範圍內」で有形力を行使する余地を認めるかのような論理が採られており、体罰禁止規定の実効性には当時から疑問が呈されていたことを確認した。

これを踏まえた上で次節以降、現在の学教法一一条但書をめぐる議論を概観していく。

第四節 「体罰」禁止をめぐる法規範の現在（1）―行政解釈―

この第四節から第六節においては、学教法一一条但書が、行政、裁判例、そして学説においてどのように理解されてきたのかを、それぞれ概観していく。これら三者は相互に影響し合っているものと考えられる。だが本章では考察の便宜上、三つを分けて整理する。

はじめに本節において、学教法一一条但書についての行政解釈を概観する。行政解釈は教育実践上極めて重要な参考資料であり、また、後述する裁判例や学説も行政解釈を強く意識しているとみることができる。その一方で、行政解釈もまた、とくに裁判例の判断をかなり考慮したうえで展開してきたということができる。

ここで結論を先取り的に述べておくと、行政解釈は一貫して、殴る、蹴るといった身体に対する直接的な攻撃のみならず、手段によらず生徒が肉体的苦痛を感じる懲戒行為を体罰と解してきた。そのことを以下確認していく。

第一項　初期の行政解釈―「児童懲戒権の限界について」（一九四八年）を中心に―

学教法一一条但書にいわゆる体罰の定義については、同法施行後間もない時期に、行政の解釈が示されていた。一九四八年（昭和二三年）に、当時の高知県警察隊長からの照会に対して法務庁法務調査意見長官が発出した「児童懲戒権の限界について」（昭和二三年一二月二二日法務庁調査二発第一八号）[60]がそれである。

ここでは、学教法一一条但書が禁止している体罰とは、「懲戒の内容が身体的性質のものである場合を意味する」としている。より具体的には「(一) 身体に対する侵害を内容とする懲戒―なぐる・けるの類―がこれに該当することはいうまでもない」が、これに加えて「(二) 被罰者に肉体的苦痛を与えるような懲戒もまたこれに該当する。たとえば端坐・直立等、特定の姿勢を長時間にわたって保持させるというような懲戒は体罰の一種と解せられなければならない」との見解を示している。また、これと合わせて、特に上記（二）につき、具体的局面においてある行為が「体罰」に該当するか否かは機械的に判断できないとして、「体罰」に該当するか否かを判断するにあたっては、「当該児童の年齢・健康・場所的および時間的環境等、種々の条件を考え合わせて肉体的苦痛の有無」を判断しなければならない、として、体罰に該当するか否かを判断する方法を示している。

また、上記の「限界について」文書の翌年に発出された、法務府発表「生徒に対する体罰禁止に関する教師の心得」（昭和二四年八月二日法務府発表）[61]では「最近児童生徒に対する体罰問題がやかましい折柄教師の児童懲戒権がどの程度まで認められるかについて」検討した結果として、たとえば「用便に行かせなかつたり食事時間が過ぎても教室に留め置くことは肉体的苦痛を伴うから体罰」であり違法である、とか、「授業時間中怠けた、騒いだからといつて生徒を教室外に出すことは許されない」一方で、「教室内に立たせることは体罰にならない限り懲戒権内として認めてよい」というように、七つの具体例について注意を喚起している。

一九四八年、そして翌四九年に発出された文書に示された考え方の要点は、つまるところ生徒に対する直接的な攻撃的行為（殴る、蹴るなど）に限らず、結果として生徒に「肉体的苦痛を与えるような」方法による懲戒を「体罰」と解するというものであった。この理解に立てば、体罰とされる行為の範囲は広範に及びうることに留意する必要がある。

第二項　近時の行政解釈

以上の行政解釈に見られる考え方は、今日に至るまで基本的に維持されているといってよい。すなわち、社会状況の変化等に対応しつつ、また、後述する裁判例における裁判所の判断を踏まえつつ、具体例の挙示などにおいて詳細なものになっている部分が認められる。しかし、先述したような、直接的な攻撃的行為に限らず、「肉体的苦痛を与えるような」方法による懲戒を「体罰」とする考え方に変化はないといえる。

近年では二〇〇七年二月に文部科学省初等中等教育局長名で出され「問題行動を起こす児童生徒に対する指導について」通知（平成一九年二月五日一八文科初第一〇一九号）[62]、そして冒頭に触れた大阪府内での高校生の自殺事案を受けて二〇一三年三月に出された文部科学省初等中等教育局長、同スポーツ・青少年局長の連名の「体罰の禁止及び児童生徒の理解に基づく指導の徹底について」通知（平成二五年三月一三日二四文科初第一二六九号）[63]がある。以下概観する。

一　「問題行動を起こす児童生徒に対する指導について」通知（二〇〇七年）

二〇〇七年の通知は、学教法が教員に対して懲戒権を認めていることを確認しつつも、「一時の感情に支配されて、安易な判断のもとで懲戒が行われることがないように留意」すべきこと、また、「体罰がどのような行為なのか、児童生徒への懲戒がどの程度まで認められるかについては、機械的に判定することが困難である」ことから「ややもすると教員等が自らの指導に自信を持てない状況を生み、実際の指導において過度の萎縮を招いているとの指摘」もあるとして、生徒指導上懲戒を行うに当たって困難な状況があることを指摘する。

しかしそれでも「体罰による指導により正常な倫理観を養うことはできず、むしろ児童生徒に力による解決への志向を助長させ、いじめや暴力行為などの土壌を生む恐れがある」ことから、「身体に対する侵害（殴る、蹴る等）、肉体的苦痛を与える懲戒（正座・直立等特定の姿勢を長時間保持させる等）である体罰」を行ってはならない、と説く。さらに、同通知は「別紙」として「学校教育法第一一条に規定する児童生徒の懲戒・体罰に関する考え方」と題する文書を付し、従来からの行政解釈において示されていた体罰か否かについての判断基準と具体例を示して、懲戒や体罰の解釈や運用については「今後、この『考え方』によることとする」としている。

ここで留意すべきなのは、後に確認するいわゆる水戸五中事件東京高裁判決のような、一定限度の有形力の行使の可能性を認める裁判例を引用したうえで、「児童生徒に対する有形力（目に見える物理的な力）の行使により行われた懲戒は、その一切が体罰として許されないというものではな」いとしている点である。(64)

二　「体罰の禁止及び児童生徒の理解に基づく指導の徹底について」通知（二〇一三年）

また、二〇一三年の通知は、「体罰は、違法行為であるのみならず、児童生徒の心身に深刻な悪影響を与え、教員等及び学校への信頼を失墜させる行為」であり、また「体罰により正常な倫理観を養うことはできず、むしろ児童生徒に力による解決への志向を助長させ、いじめや暴力行為などの連鎖を生む恐れがある」との認識を示したうえで、改めて従来の行政解釈において示されてきた体罰概念の解釈と判断基準を確認している。それと同時に、二〇〇七年通知と同じように「別紙」である「学校教育法第一一条に規定する児童生徒の懲戒・体罰等に関する参考事例(65)」を付して「通常、体罰と判断されると考えられる行為」、「通常、懲戒権の範囲内と考えられる行為」、さらに「通常、正当防衛、正当行為と判断されると考えられる行為」についての具体例を挙げて示している。加えて、同通知では懲戒権の行使、体罰の禁止との関係で、「児童生徒の暴力行為等」に対する「正当防衛及び正当行為」についての指針、体罰の防止に向けた教育委員会、学校の組織的な対応の必要性についての言及、さらに「学校教育の一環」としての部活動における指導のあり方についての言及が行われている点が注目される。

第三項　行政解釈における「体罰」

本節ではここまで、「体罰」についての行政解釈を概観してきた。以下、ここまでにみてきた行政解釈の考え方について整理する。

ここに確認した行政解釈の基本的な考え方は、既に指摘したように、「体罰」を、直接的な攻撃的行為(殴る、蹴るなど)はもちろんのこと、結果として「肉体的苦痛を与えるような」方法による懲戒であると把握したうえで、そのような「体罰」を禁止するのが学教法一一条但書であると解している、ということである。この点については、体罰やそうでもないものの具体例や、正当防衛、正当行為に関する言及が見られるといった点で変化があるとはいえ、基本的な考え方それ自体が変わったわけではない。

ただ、初期の行政解釈においては、「体罰とは何か」という定義（または具体例）が示される一方で、「そもそも体罰はなぜ禁止されるのか」という点、換言すれば学教法一一条但書の趣旨が何であるのかを読み取ることは難しい。これは行政解釈に先立って刊行された学教法の解説書においても同様であった。[66]これに対して、前述した二〇一三年の文科省の通達では、体罰が「児童生徒の心身に深刻な悪影響を与え、教員等及び学校への信頼を失墜させる行為」であり、「体罰により正常な倫理観を養うことはできず、むしろ児童生徒に力による解決への志向を助長させ、いじめや暴力行為などの連鎖を生む恐れがある」からこそ禁止される、という考え方が示されている。つまり、なにが規制対象であるのか、という解釈に先立って、体罰を禁止すべき理由が示されている点が注目される。[67]

第五節　「体罰」禁止をめぐる法規範の現在（２）―裁判例―

以上、前節では行政解釈の展開を概観した。そして、行政解釈においては、一貫して学教法一一条但書が禁止する体罰は、身体に対する直接的な攻撃のみならず、「肉体的苦痛を与えるような」方法によるものも含まれると解されていることを確認した。

そのうえで本節では、こうした行政解釈に対しても影響を与えている考えられる、体罰についての裁判例をみていく。

行政解釈も裁判例も法解釈を示す点で共通する。しかし、行政解釈は事前に体罰の意義を明らかにすることによって、教員の行為を統制することを目的とするのに対して、裁判所の下す判決（裁判例）は、裁判所に提訴された個別具体的な事件について、当事者に民事あるいは刑事上の責任を課すべきか否かを判断するものである、という違いがある点に注意を要する。

裁判例についても、ここで結論を先取り的に述べておくと、時期によって傾向の違いをみてとることができる。すなわち、行政解釈とは対照的に、既に昭和三〇年代に体罰禁止規定の趣旨を確認したうえで体罰に厳しい態度を示す判決が下されており、昭和四〇年代までに下された判決にはこうした傾向を認めることができた。しかし、昭和五〇年代に入り、「体罰の範ちゅう」に入らない「有形力の行使」を認めるような判決が下され、それ以降、直接的に生徒の身体に攻撃的な有形力の行使が行われたとしても、直ちに体罰とはされないかのような判決が散見された。ただその一方で、体罰に対し厳しい態度を示す判決も下され、時代が下るにつれ、体罰禁止規定の趣旨に対する理解を深めながら、再び体罰に対し厳しい態度を示す傾向がみられるようになる。だが、二〇〇九年に最高裁が下した判決が、体罰をめぐる議論に、これまでとはやや異なる視点を提示しているようにみることができる。

以下、個々の判決に立ち入りながら、裁判例の傾向を概観していく。

第一項　初期の裁判例

第一項では、「初期の裁判例」として、昭和三〇年代から四〇年代にかけての判決を概観する。

一　大阪高裁昭和三〇年五月一六日判決（いわゆる池原中事件大阪高裁判決）

はじめに、学説においてしばしば体罰禁止規定に関するリーディング・ケースと位置づけられることのある[68]、いわゆる池原中事件大阪高裁判決（大阪高裁昭和三〇年五月一六日判決、『高等裁判所刑事判例集』八巻四号、五四五頁所収[69]）が挙げられる。

この判決では問題とされた教員の行為につき、それが「学校教育上の必要に基づいて生徒に対してした懲戒行為」で正当な行為であるとする教員側の主張を、次のように述べて排斥している。

すなわち、学教法一一条但書の体罰禁止規定を「基本的人権尊重を基調とし暴力を否定する日本国憲法の趣旨及び右趣旨に則り刑法暴行罪の規定を特に改めて刑を加重すると共にこれを非親告罪として被害者の私的処分に任さないものとしたことなどに鑑みるときは、殴打のような暴力行為は、たとえ教育上必要があるとする懲戒行為としてでも、その理由によつて犯罪の成立上違法性を阻却せしめる」ものではない。

また、「殴打の動機が子女に対する愛情に基ずくとか、またそれが全国的に現に広く行われている一例にすぎないとかいうこと」も、殴打を懲戒行為として正当化するわけではない。

さらに、教員の懲戒権を、親の懲戒権に関する大審院判例を援用することで正当化しようとするけれども、「主として親という血縁に基ずいて教育のほか監護の権利と義務がある親権の場合と教育の場でつながるにすぎない本件の場合とには本質的に際のあることを看過してこれを混同するもの」であって、その主張に理由はない、と判示している。

ここで確認した池原中事件大阪高裁判決は、学教法一一条但書の体罰禁止規定を、日本国憲法の基本原理の一つである基本的人権尊重主義に結びつけて、厳しく体罰を禁止する趣旨の規定であると評価しうる。そしてこの池原中事件大阪高裁判決のような体罰禁止規定の趣旨の理解は、後続するいくつかの判決の中にもみてとることができる。ここでは二つの判決を取り上げて確認する。

二　福岡地裁飯塚支部昭和三四年一〇月九日判決

第一に、福岡地裁飯塚支部昭和三四年一〇月九日判決（『下級裁判所民事裁判例集』一〇巻一〇号、二一二一頁所収）である。

本件の概略は以下の通りである。

中学校内で発生した現金の盗難事件の被疑者として原告生徒を取り調べた際に、原告生徒が取り調べた教員らに対して「お前達は俺を疑っているのか」といい、不遜な態度を示したとして、被告の一人である教員が激昂して椅子にかけていた原告の襟がみをつかんでたたせたうえで、素手で原告生徒の顔面を二回にわたって殴打した。その後、原告生徒は精神疾患を発症している。原告生徒及びその両親らが、取り調べに関係した教員らと学校を設置する地方公共団体とに対して損害賠償を求めた。

裁判所は、上記殴打による精神的苦痛に対する慰謝料を認容した（精神疾患との因果関係は否定されている）。その際、次のように判断している。

まず、学校内における盗難事件について、それがその学校の生徒によって行われたのではないかと疑われる事情がある場合に、生徒らを取り調べることにつき、そもそも「教師は人格の完成という教育の究極目的を、あらゆる機会に、あらゆる場所において、実現するよう努めなければならないところであるから万一生徒の中に校内の秩序をみだす非行をするものがあるときは、これに適切な制裁を加えることにより、本人はもとより他の生徒の将来を戒めてその道義心の向上を期することは、教育活動の内容をなすものというべく、教師はかかる教育目的の達成と秩序維持のために」、生徒を取り調べることができる。そして、本件の場合、取り調べそれ自体は妥当といえるが、被告教員が原告生徒に対して暴行を加えた行為については、たとえ原告に「不遜な態度があつたためであるにせよ、如何なる意味においても許される行為ではな」い。また、被告側は、上記の殴打が懲戒権の行使だと主張するけれども、教員が原告生徒の「言動に激昂し、咄嗟の場合感情的に殴打したものであ」って、「懲戒権の行使であると見るべきでないのみならず、懲戒の手段としても暴行をすることの許されないことはいうまでもないから、被告等の主張は採用に値しない」とした。

三　福岡地裁飯塚支部昭和四五年八月一二日判決

第二に、福岡地裁飯塚支部昭和四五年八月一二日判決（『判例時報』六一三号、三〇頁所収）である。

本件の概略は以下の通りである。

被告教員が担任するクラスの生徒であるAが、職員室において別の教員からその担当する授業について訓戒を受けているところを確認し、Aが平素から学業、素行につき問題があると感じられていたこともあり、教室に戻ろうとするAを呼び止め、応接室に連れて行ったうえで説諭しようとした。だが、Aは当初から反抗的態度を示すのみだったことから、被告教員がAを自己の説諭に服させようとしたところ、約三時間あまり経過したところで、被告教員らが示したAの非行事実をA自身が認めたため、被告教員が「なんだそんなことをやっていたのか、やはり反省すべき点があるではないか」といいながら平手でAの頭部を数回殴打したうえで、Aに対し翌日父親を学校に出頭させるよう申し向けて、Aをクラスの教室に返した。その際、Aは父親を出頭させることを嫌がり、出頭を赦してもらうよう被告教員に懇願したが聞き入れられなかった。また、上記の説諭の間、応接室に約三時間あまりとどめおかれていたが、その間昼食をとる機会や、授業を受ける機会も与えられなかった。なお、Aは翌日朝に、自宅倉庫において首つり自殺をした。原告であるAの親は、被告教員及び学校を設置する県に対して、損害賠償を請求した。

裁判所は、被告県に対して、被告教員の行った懲戒行為に基づくAの精神的損害に対する慰謝料の支払いを命じた（懲戒行為と自殺との因果関係は否定されている）。その際、次のように判断している。

学教法一一条により「公立高校の教師は生徒の教化・育成という教育目的達成のため、問題行動のある生徒に対して必要に応じて叱責・訓戒などの事実上の懲戒を加える権限を有することは明らか」だが、しかし「他方において右懲戒権の行使には往往にして生徒の権利侵害を伴うことも少くないから、懲戒を加えるに際してはこれにより予期しうべき教育的効果と生徒の蒙るべき右権利侵害の程度とを常に較量し、いやしくも教師の懲戒権のよって来たる趣旨に違背し、教育上必要とされる限界を逸脱して懲戒行為としての正当性の範囲を超えることのないよう十分留意すべきであ」り、そのような配慮の下にこそ懲戒行為は「権利侵害を伴うことのあるのに拘らず正当行為としてその違法性が阻却される」。そして懲戒が正当行為とされるためには「当該生徒の性格、行動、心身の発達状況、非行の程度等諸般の事情を考慮のうえ、それによる教育的効果を期待しうる限りにおいて懲戒権を行使すべきで体罰ないし報復的行為等に亘ることのないよう十分配慮されなければならないことはいうまでもない（同法一一条但書）」。

しかし、「本件懲戒行為は、単に教育的効果を期待しえない不適当な訓戒の方法であるというにとどまらず」、原告生徒の「身体的自由を長時間にわたって拘束し、その自由意思を抑圧し、もって精神的自由をも侵害し、ついには体罰による身体への侵害にも及んだ」ものだった。これらを総合して考えると、本件懲戒行為は「担任教師としての懲戒権を行使するにつき許容される限界を著しく逸脱した違法なものであると解するのが相当である」。

四　初期の裁判例・小括

初期の裁判例は、学説から「体罰が教育上の懲戒として行われたか否かにかかわらず、学校教育法一一条で禁止されている体罰に該当するという体罰全面禁止の法解釈は判例上すでに確立していると解することができる[70]」との評価が与えられている。こうした評価を踏まえつつ、初期の裁判例において「体罰」はどのように解されていたのかについて、特に池原中事件大阪高裁判決を中心に整理する。以下に述べるように、同判決は、他の判決に比しても、学教法一一条但書の意義について立ち入った判断を示していると評しうるし、それだけにひとつの「モデル」となり得ているように考えられるからである。

同判決の注目すべき点の第一は、学教法一一条の趣旨について論及したことであろう。もっとも、そこでは先に触れた行政解釈にみられるような教育的な観点からのものではなく、「基本的人権尊重を基調とし暴力を否定する日本国憲法の趣旨」が前面に押し出されている[71]。これに対して福岡地裁飯塚支部の二つの判決は、池原中事件大阪高裁判決とは異なり、「教育の究極目的」（昭和三四年判決）の観点から、懲戒権行使に対するコントロールを説いている点が注目される。

池原中事件大阪高裁判決の次に注目すべき点として、「殴打の動機が子女に対する愛情に基ずく」といった事情が殴打を懲戒として正当化するわけではないことを論じている点である。つまり、教員側の主観的な意図が殴打行為をただちに懲戒として正当化するわけではない、ということを意味する。換言すれば「君のためを思ってやったことだ」という弁明が通用するというわけではない、ということである。福岡地裁飯塚支部昭和三四年判決も同種の考え方に立つものといえよう。

池原中事件大阪高裁判決のもうひとつ重要である点は、教員の懲戒権が親の懲戒権とは別異のものである旨論及していることである。前節において確認した戦前の裁判例である、福岡地裁久留米支部昭和五年一一月二六日判決は、傷害に至らない程度に軽く叩く行為を、しばしば父兄がその保護下にある子弟に対して懲戒として行っていることに照らして正当化する可能性を示していた。池原中事件大阪高裁判決は、教員の懲戒権を親の懲戒権と並べて、両者があたかも同種のもののように捉えるという考え方を否定したわけである。(72)

ただ、その一方で、同判決をはじめとして、ここに紹介した初期の裁判例は、学教法一一条但書が明文で禁止する「体罰」とは何かについて、その定義を明らかにするような判断を示しているとはいえず、あくまで問題の行為が教員に認められた懲戒権の範疇に含まれる懲戒行為であるといえるのか否か、という形で議論がなされているといえることに留意する必要もあろう。

第二項　「体罰の範ちゅう」に入らない「有形力の行使」という考え方

以上初期の裁判例として昭和三〇年代から昭和四〇年代の判決を取り上げて概観したうえで、分析を加えた。要するに、懲戒権や体罰禁止規定の趣旨を確認した上で、体罰に対して厳しい態度を示してきた、と評することができるだろう。

だが、昭和五〇年代以降の判決、とりわけ、一九八一年（昭和五六年）に下された、いわゆる水戸五中事件東京高裁判決に顕著に示されるように、裁判所の判決には変化が認められるようになる。その変化を一言でいうならば、「体罰に至らない『有形力の行使』がありうる」ことを認めるようになった、ということである。

以下、これらの判決を概観していく。考察の便宜上、二つの判決を軸にして概観する。

一　「体罰の範ちゅうに入」らない「有形力の行使」を認める判決

（一）東京高裁昭和五六年四月一日判決（水戸五中事件東京高裁判決）

はじめに、東京高裁昭和五六年四月一日判決（『判例時報』一〇〇七号、一三三頁所収）をみていく。いわゆる水戸五中事件東京高裁判決である。

本件は、教師の名を呼び捨てで呼んだこと等に対して、言葉による叱責とともに平手や拳で生徒の頭部等を数回たたいた行為が、暴行罪に該当するか否かが問われた事案である。第一審の水戸簡易裁判所昭和五五年一月一六日判決（『季刊教育法』六四号、二一〇頁所収）では有罪とされたが、第二審の東京高裁判決では以下のような判断が示されたうえで無罪判決が下されている。少し詳しく引用しながらその判断を確認していく。

裁判所はまず、学教法が規定する懲戒の意義について確認する。すなわち、学校教育法上教師が行いうる懲戒とは「生徒の人間的成長を助けるために教育上の必要からなされる教育的処分と目すべきもので、教師の生徒に対する生活指導の手段の一つとして認められた教育的権能と解すべきものである」。そして「通常教師によつて採られるべき原則的な懲戒の方法・形態としては、口頭による説諭・訓戒・叱責が最も適当」であり、「有形力の行使」は、「そのやり方次第では……教育上の懲戒の手段としては適切でない場合が多く、必要最小限度にとどめることが望ましいといわなければならない」。しかしながら「教師が生徒を励ましたり、注意したりする時に肩や背中などを軽くたたく程度の身体的接触（スキンシップ）による方法が相互の親近感ないしは一体感を醸成させる効果をもたらすのと同様に、生徒の好ましからざる行状についてたしなめたり、警告したり、叱責したりする時に、単なる身体的接触よりもやや強度の外的刺激（有形力の行使）を生徒の身体に与えることが、注意事項のゆるがせにできない重大さを生徒に強く意識させると共に、教師の生活指導における毅然たる姿勢・考え方ないしは教育的熱意を相手方に感得させることになつて、教育上肝要な注意喚起行為ないしは覚醒行為として機能し、効果があることも明らかである」。したがって、「教育作用をしてその本来の機能と効果を教育の場で十分に発揮させるためには、懲戒の方法・形態としては単なる口頭の説教のみにとどまることなく、そのような方法・形態の懲戒によるだけでは微温的に過ぎて感銘力に欠け、生徒に訴える力に乏しいと認められる時は、教師は必要に応じ生徒に対し一定の限度内で有形力を行使することも許されてよい場合があることを認め」なければ、「教育内容はいたずらに硬直化し、血の通わない形式的なものに堕して、実効的な生きた教育活動が阻害され、ないしは不可能になる虞れがあることも、これまた否定することができない」（傍点は本章筆者）。

そして、「いやしくも有形力の行使とみられる外形をもつた行為は学校教育上の懲戒行為としては一切許容されないとすることは、本来学校教育法の予想するところではない」と述べた上で、学教法が禁止する「体罰」を次のように定義する。すなわち、「一般的・抽象的にいえば、学校教育法の禁止する体罰とは要するに、懲戒権の行使として相当と認められる範囲を越えて有形力を行使して生徒の身体を侵害し、あるいは生徒に対して肉体的苦痛を与えることをいう」のであって、「有形力の内容、程度が体罰の範ちゆうに入るまでに至つた場合、それが法的に許されないことはいうまでもない」。

本判決に対しては、学教法一一条が認める懲戒権限の範ちゅうに「有形力の行使」が含まれうることを提示した点につき、学説から厳しい批判が加えられている。もっとも、本判決の社会的背景との関係で、本判決が下された「一九八〇年代前半から半ばにかけては、校内暴力が第一次のピークを迎え、いじめ自殺が社会的関心を呼んだ時期と一致して[73]」いて、「特に校内暴力が激しかった中学校においては校内秩序の早急な確立が強く求められて[74]」おり、本判決がそれを考慮に入れた可能性もありうる、という指摘[75]が存在する。

解釈論として注目すべきは、本判決が、問擬されている暴行罪の成否との関わりにおいてではあるが、学教法一一条但書が禁止する「体罰」とは何かについて判断している点である。この点につき、あくまで暴行罪の成否が問われる本件の文脈の中で示されていることに留意する必要がある。だが、それまでに示されてきた行政解釈との間に違いがあることはもちろん、いわゆる池原中事件大阪高裁判決との対比でも、本判決については有形力の行使の中でもある属性の認められたものを「学校教育法の禁止する体罰」として示している点は注目に値する。

さらに本判決の論理として注意すべき点として、学教法一一条但書の「体罰」とは何かを明らかにしつつ、「有形力の行使が懲戒権の行使として相当と認められる範囲内のものであるかどうか」という形で、問題の行為の正当性を判断する枠組みを採用している点である。

これは換言すれば、「体罰」に該当するか否かの判断がつまるところ、学教法一一条に基づく懲戒権の範囲内に含まれる行為か否か、という判断に回収されていることを意味しているということができよう。

（二）浦和地裁昭和六〇年二月二二日判決

ここに紹介した水戸五中事件東京高裁判決と類似した論理を採用しているのが、浦和地裁昭和六〇年二月二二日判決（『判例時報』一一六〇号、一三五頁所収）である。

この事件では、朝の自習時間に着席していなかった生徒の頭を、ボール紙製の出席簿で一回叩いたという担任教員の行為が「教師の懲戒権の許容限度内の適法行為」であるとされたが(76)、その際に次のように判断している。すなわち、「学校教育における懲戒の方法としての有形力の行使は、そのやり方如何では往々にして生徒に屈辱感を与え、いたずらに反抗心を募らせ、所期の教育効果を挙げ得ない場合もあるので、生徒の心身の発達に応じて慎重な教育上の配慮のもとに行うべき」で、かかる配慮のもとに行われる限り、「状況に応じ一定の限度内で懲戒のための有形力の行使が許容されるものと解するのが相当」であり、学教法一一条、同施行規則一三条の規定も「右の限度における有形力の行使をすべて否定する趣旨ではない」と。

二 「教育指導上差し迫った必要のない安易な体罰の行使は許されない」とする判決

(一) 鹿児島地裁昭和五九年一一月六日判決

先に確認した、いわゆる水戸五中事件東京高裁判決とはやや異なる論理で、学教法一一条但書が禁止する「体罰」とされない有形力の行使の可能性を想定しているような判決として、鹿児島地裁昭和五九年一一月六日判決（『判例地方自治』一二号、六一頁所収）がある。結論としては教員の行為が違法であると評価されているけれども、ここで少し立ち入ってその論理を確認する。

事件の概略は以下の通りである。

原告中学生徒が美術担当の教員の指導の下で絵を制作していたところ、清掃時間に五分ほど遅れて自分の教室に向かっていたところ、別の教員に呼び止められたうえで「何をしていたのか」と尋ねられて、美術室で絵を描いていた旨答えたところ、その教員が原告生徒の返事をよく聞き取れないままいきなり平手で原告の両ほほを合計三回、原告がよろけそうになる程度に強く殴打した。その後、同教員は原告生徒に対して、反省のため清掃時間が終わるまで、校舎前庭に正座するよう命じて、原告生徒は五ないし一〇分正座をした。これら一連の行為に基づいて生じた傷害の治療費や慰謝料等の賠償を求めて提訴されたのが本件である。

裁判所は治療費、治療を受けるに要した交通費、そして慰謝料を一部認容した。その際、次のように判断している。

教員は、学教法一一条に基づき、教育目的達成のため必要があるときに、生徒に対し懲戒を加えることができる。しかし、懲戒権の行使は生徒の権利侵害を伴いがちであるから、懲戒を行うに当たっては、「懲戒による教育的効果を期待することができ、かつ、当該事案に相応な方法でなされる限りにおいて許されるものと解され、教育上必要とされる限界を逸脱した懲戒は違法なものというべきである」。そして学教法一一条但書は体罰を禁じているが、「同条により全面的、一律的に体罰が許されないものか否かはともかく、前記判示のような教員が行使する懲戒に関する制約及び法が明文をもつて体罰の禁止を宣言している趣旨に照らし、少なくとも生徒等に対する教育指導上差し迫つた必要のない安易な体罰の行使は許されないものというべきである。特に、中学校生徒は、まだ未熟な面が多いとはいえ、自我に目ざめ独立的、自立的行動を望み自己を主張し始める年頃であるから、体罰がこれらの年代の生徒に与える心理的影響も大きくなりがちなものと解され、これらの者に対する体罰の行使は特に慎重な配慮を要するものというべきである」(傍点は本章筆者)。そのうえで本件につき、次のように判断している。

原告生徒らが清掃時間に遅刻したことには正当な理由があったのに、教員が事情をよく把握しないまま原告にかなり力を込めた殴打を行ったこと、原告がいわゆる思春期の女生徒であること、「体罰をもって臨まなければ教育的指導ができないほどの事情が存在したことをうかがわせる証拠はないこと」などの事情を考慮すると、本件「体罰」は「教育上の必要性を欠く違法なもの」であった。

この判決では、学教法一一条但書によって「全面的、一律的に体罰が許されないものか否かはともかく」としても、学教法一一条が認める懲戒の意義や体罰禁止規定の趣旨に照らして「少なくとも生徒等に対する教育指導上差し迫つた必要のない安易な体罰の行使は許されない」としている点が注目される。かかる論理を敷衍すれば、「教育上差し迫つた必要」が認められる場合には「体罰」が「全面的、一律に……許されない」わけではない、と考える余地が出てくるからである。こうした考え方を採用する判決は後にも散見される。

（二）浦和地裁平成二年三月二六日判決

鹿児島地裁判決と類似の論理を採っていると評価できるものとして、浦和地裁平成二年三月二六日判決（『判例時報』一三六四号、七一頁）を挙げることができる。

この事件では、たとえば、いわゆる「番長グループ」に属していた原告中学校生徒が、被告教員から複数の機会において平手で殴打されたことが問題とされた。その際被告側から本件殴打行為は正当な懲戒権の行使であって、違法性を欠く旨主張がなされた。裁判所はこの主張を退けているが、その際次のように述べている。

すなわち、学教法一一条但書は体罰を禁止しているが、「教員の生徒に対する懲戒行為としての有形力の行使が、当然に同法の禁止する体罰に該当し、民法上の不法行為にも該当するかどうかはともかく、当該有形力の行使が殴打・足蹴り等生徒の身体に傷害の結果を生じさせるようなものである場合には、それ自体同法一一条但書が禁止する違法な体罰であり、民法上の不法行為として評価すべきものと解するのが相当である」。

三 「有形力の行使」を認める裁判例・小括

以上の判決からみてとることができるのは、「体罰に至らない有形力の行使」という考え方が、明示的、あるいは黙示的にでも影響を与えているとみうる点である。学教法一一条但書によって「全面的、一律的に体罰が許されないものか否かはともかく」とする鹿児島地裁昭和五九年判決は、その表現を見る限りやや突出した判断に思われるけれども、「状況に応じ一定の限度内で懲戒のための有形力の行使が許容される」とする浦和地裁昭和六〇年判決、「教員の生徒に対する懲戒行為としての有形力の行使が、当然に同法の禁止する体罰に該当し、民法上の不法行為にも該当するかどうかはともかく」という留保を示す浦和地裁平成二年判決に見られるように、およそあらゆる有形力の行使を体罰とするというわけではないとする解釈が、裁判所において一定の影響力をもって広まっていたとみることができよう。

しかしながら、このような「体罰」にいたらない「有形力の行使」を許容するかのような判断を採る傾向は、その判断が示されたころから学説によって強く批判された。それのみならず、「非行問題・校内暴力問題が最も社会問題化していた時期に生じた誤った解釈―判例史上の逸脱であり、ブレ」[77]であると評価されるようになる。

というのも、これらの判決と前後しつつ、再び体罰に対して厳しい態度を示す判決が下されるようになったからである。次項においてそれらの判決を概観する。

第三項　体罰禁止規定の趣旨の「深化」

一　水戸地裁土浦支部昭和六一年三月一八日判決（いわゆる岐陽高校事件判決）

先に、「体罰の範ちゅう」に入らない「有形力の行使」の可能性を認める諸判決を概観した。それらの判決と時期的に前後するが、体罰禁止規定をいわば厳格に受け止めるような姿勢を見せる判決がみられる。

そのひとつである、一九八五年のいわゆる岐陽高校事件（水戸地裁土浦支部昭和六一年三月一八日判決、『判例タイムズ』五八九号、一四二頁所収）をみてみる。本件では教員による体罰が傷害致死罪に該当するか否かが問題となった。

以下、事件の概略を確認する。

本件では、高校の研修旅行において持ち込みが固く禁じられていたヘアードライヤー等を持ち込んだことに対する指導の過程で、教員が生徒の頭部を拳と平手で一回ずつ殴るとともに、右肩付近を二回くらい足蹴りにし、生徒を転倒させるなどした。こののち、同生徒は死亡しており、被告人たる教員は傷害致死罪に問われている。

裁判所は次のように述べて、傷害致死罪の成立を認め、教員に対して懲役三年の、いわゆる実刑判決を下した。

すなわち、体罰の発端が「被害者の校則違反の点にあつたとしても、被害者は相当程度の判断能力を備える高校生であつたのであり、かつ教師対生徒という十分説得可能な関係にあつたこと」等からすれば、被告人は「相応の説諭、指導」をすべきであった。にもかかわらず、「かかる手だてを講じることもなく、また、被害者が何ら逆らうことなく正座し、途中からは謝罪していたにもかかわらず、右の如き暴力行為に及んだものであつて、その態様は被害者の校則違反の程度に比しても熾烈極まるものといわなければならない。しかも被告人の本件犯行は、校則違反者全員が自己の担任する生徒であつたことに対する無念さや、同輩教師から生徒指導について暗になじられたこと等に誘発された私的感情によるものというべきで、たとえ、被告人が当初、教育的意図を有していたとしても、本件行為自体は、教育的懲戒とおよそ無縁のものと評するほかない」。

二　体罰禁止規定の趣旨の「深化」

（一）福岡地裁平成八年三月一九日判決

さらに、体罰禁止規定の趣旨を確認し、あわせて「体罰」の定義に言及しつつ、事案の解決を図るものもみられるようになる。

たとえば、福岡地裁平成八年三月一九日判決（『判例時報』一六〇五号、九七頁）は、原告中学生が他の生徒らとともに、他の中学校の生徒に対する恐喝事件を働いたとして、原告中学生らに当該恐喝事件に関与した事実を認めさせ、真に反省させるような強力な指導を行う必要があるとして、夜間の海岸において穴を掘って原告中学生らをそこに埋めた行為が「体罰」に該当するかどうかが問題となった。

裁判所は、損害賠償を認めたが、その際次のように述べている。

そもそも、学教法一一条但書が禁止する「体罰」とは「事実行為としての懲戒のうち、被懲戒者に対して肉体的苦痛を与えるものをいい、その判断に当たっては、教師の行った行為の内容に加え、当該生徒の年齢、健康状態、場所的、時間的環境等諸般の事情を総合考慮すべきもの」である。

そして、本件における原告中学生を砂に埋めた行為は「原告に肉体的苦痛を与えるものであることは容易に推認でき、本件砂埋めが学校教育法一一条ただし書にいう『体罰』に該当することは明らかである」。これに対して被告側は本件の具体的状況ないし諸条件の下では砂埋めが真にやむを得なかったものだと主張するが、学教法一一条但書が体罰を禁止するのは「いかに懲戒の目的が正当なものであり、その必要性が高かったとしても、それが体罰としてなされた場合、その教育的効果の不測性は高く、仮に被懲戒者の行動が一時的に改善されたように見えても、それは表面的であることが多く、かえって内心の反発などを生じさせ、人格形成に悪影響を与えるおそれが高いことや、体罰は現場興奮的になされがちでありその制御が困難であることを考慮して、これを絶対的に禁止するというところにある」。

したがって、教員の懲戒は諸般の事情に照らして「被懲戒者が肉体的苦痛をほとんど感じないような極めて軽微なものにとどまる場合を除き、前示の体罰禁止規定の趣旨に反するものであ」る。

(二) 東京地裁平成八年九月一七日判決

また、東京地裁平成八年九月一七日判決(『判例タイムズ』九一九号、一八二頁所収)は、授業中に指示を行ったところ、原告中学生から反論を呈されたのに激昂して、「もう一回言ってみろ」と怒鳴り、原告が座っている机を蹴った後、右手平手で原告の左頬を計二回殴り、さらに髪の毛を手でわしづかみに引っ張った行為が問題となった事案において、次のように述べて原告の損害賠償請求を認容している。

そもそも体罰禁止規定は「戦前、わが国において、軍国主義教育の一環として、体罰を用いた国家主義思想の強制がなされ、これによって民主主義と自由な議論の芽が摘み取られていったのであり、その反省として」体罰を禁止したのであり、これは「裁判所が改めて述べるまでもない歴史的事実」である。しかしながら「学校教育の現場において体罰が根絶されていないばかりか、教育の手段として体罰を加えることが一概に悪いとはいえないとか、あるいは、体罰を加えるからにはよほどの事情があったはずだというような積極、消極の体罰擁護論が、いわば国民の『本音』として聞かれることは憂うべきことである」。

そして「教師による体罰は、生徒・児童に恐怖心を与え、現に存在する問題を潜在化させて解決を困難にするとともに、これによって、わが国の将来を担うべき生徒・児童に対し、暴力によって問題解決を図ろうとする気質を植え付けることとなる」。本件体罰は「教師と生徒という立場からも、また体力的にも、明らかに優位な立場にある教師による授業時間内の感情に任せた生徒に対する暴行であり、およそ教育というに値しない行為である。当裁判所は、当然のことではあるが、体罰が学校教育の場において一切禁止されていることを改めて確認」する。

(三)　小　括

一九九六年（平成八年）に下された、福岡、東京両地裁の判決は、従来、体罰の法的責任が問われた裁判の中でも、かなり詳細に体罰禁止規定の趣旨について論じている点で注目すべきものであるといえる。具体的に注目すべきは以下の二点であろう。

まず第一は、学教法一一条但書にいわゆる「体罰」の意義について、「事実行為としての懲戒のうち、被懲戒者に対して肉体的苦痛を与えるもの」であると明言していることであり、第二は体罰が禁止されるべき理由について詳しく論じているということである。

すなわち、福岡地裁判決にあっては、体罰禁止規定の趣旨を「教育的効果の不測性」や「人格形成」に対する「悪影響」の「おそれが高い」点、さらに体罰が「現場興奮的になされがちでありその制御が困難である」点に求めている。また、東京地裁判決にあっては、歴史的背景に言及した上で、現行学教法の体罰禁止規定が歴史的な「反省」のうえに成り立つものであることを指摘した上で、体罰によっては問題の解決は困難になること、さらに生徒に暴力による問題解決を図ろうとする気質を植え付けてしまうことを挙げて、体罰禁止規定の根拠としている。また、先にみた近年の行政解釈と対比すればわかるとおり、これらの考え方は近年の行政解釈においても言及されている。

このように、立法当初必ずしも明確な立法理由をみいだすことのできなかった体罰禁止規定について、個別の判決の中で、体罰禁止規定の根拠が論じられ、体罰禁止規定の趣旨が理論的に深化してきている、とみることができるだろう。[78]

第四項　最高裁平成二一年四月二八日第三小法廷判決

さて、以上に見てきた判決は、いずれも下級審におけるものであった。これに対して比較的最近、最高裁において下された判決を確認する。最高裁平成二一年四月二八日第三小法廷判決（『最高裁判所民事判例集』六三巻四号、九〇四頁所収）[79]は、最高裁が体罰に関わる事案を立ち入って取り扱った事案として重要というだけでなく、判決が採用する論理という面からいって、今後体罰禁止規定について論じるにあたって、極めて重要な意義をもつと考えられる。
以下、立ち入って検討する。

一　事案と判決要旨

本件は、学校内において、小学二年生の児童の胸元の洋服を右手でつかんで壁に押し当て、大声で「もう、すんなよ」と叱った行為によって、同児童が外傷後ストレス障害（ＰＴＳＤ）になったとして、学校設置者たる市に対して損害賠償を請求した事案である。第一審判決（熊本地裁平成一九年六月一五日判決、『判例地方自治』三一九号、一八頁所収）は、教師の行為態様や教師が児童と普段面識がないこと（したがってどのような教育的配慮を要する児童なのかを知らなかったこと）、から「教育的配慮を超えて、……腹立たしさも加わって」なされた行為であるとしたうえで、「体罰といわざるを得ない」とした。そして、この行為が原因で児童がＰＴＳＤを発症したものと認め、学校設置者たる市に対して損害賠償の支払いを命じた。控訴審判決（福岡高裁平成二〇年二月二六日判決、『判例地方自治』三一九号、一三頁所収）もまた、「社会通念に照らし教育的指導の範囲を逸脱するものであり、学校教育法一一条ただし書により全面的に禁止されている教員の生徒に対する『体罰』に該当する行為である」と述べて、第一審判決の判断を支持した（ただし、児童が発症したＰＴＳＤとの因果関係は否定されており、結果として損害賠償の額が減額されている）。

これに対して、最高裁は次のように述べて、第一審、控訴審判決を破棄し、原告児童の請求を棄却している。

すなわち、児童は、「通り掛かった女子数人を他の男子と共に蹴るという悪ふざけをした上、これを注意して職員室に向かおうとした〔教師〕のでん部付近を二回にわたって蹴って逃げ出した」。そのため教師は児童を追いかけて捕まえたうえで問題とされた行為を行った。この行為は、確かに「児童の身体に対する有形力の行使」であるが、「他人を蹴るという〔児童〕の一連の悪ふざけについて、これからはそのような悪ふざけをしないように〔児童〕を指導するために行われたものであり、悪ふざけの罰として〔児童〕に肉体的苦痛を与えるために行われたものではないことが明らかである」。教師自身、児童による悪ふざけの対象となったことに立腹して問題の行為を行っており、やや穏当を欠くところがなかったとはいえないが、問題の行為は「その目的，態様，継続時間等から判断して，教員が児童に対して行うことが許される教育的指導の範囲を逸脱するものではなく，学校教育法一一条ただし書にいう体罰に該当するものではないというべきである」。

二 分析

本判決は、問題とされている有形力の行使が学教法一一条但書にいわゆる「体罰」か否かについての一般的な判断基準を提示するようなものではなく、「教員が児童に対して加えた有形力が軽微であった事案についての事例判断にとどまるもの[80]」であると解されている。もっとも、その後の行政解釈においては、「体罰」に該当しないものの具体例として、本件をモデルとしたと思しき具体例が提示されており、学校教育現場に与える影響は決して小さくないものと推測される。

本判決は、「またもや『教育的指導としての有形力の行使』を肯定したかに見えるもの[81]」と指摘されることがある。[82] ただその一方で、本判決において特に留意しなければならないのは、問題の「有形力の行使」が、児童が悪ふざけを行わないように「指導するために」行われたものであって、「悪ふざけの罰として」児童に対して「肉体的苦痛を与えるために行われたものではない」ことが「明らか」だと判断した点である。つまり本判決は、問題の行為について、それは「有形力の行使」だが、「それ自体が懲戒行為であるというよりむしろ…指導するために…〔児童を〕…捕まえてその場に留める目的でされたもの[83]」と理解したうえで、判断を下したと推知される[84]。この点は、同じく「有形力の行使」という観念を導入している水戸五中事件東京高裁判決とは異なる点であろう。水戸五中事件東京高裁判決における「有形力の行使」は、それ自体が「懲戒」の「手段」として行使されているものであり、それがはたして禁止されているはずの「体罰」に至るものといえるかどうかが問題とされているのに対して、本判決では必ずしもそのような理解に立っているとは断言できない[85]ように思われる。

第五項　裁判例の傾向

ここで、以上にみてきた裁判所の態度につき整理を行う。

もちろん、「整理を行う」とはいっても、本節冒頭にも述べたように、裁判例はそもそも個別具体的な事件における民事ないし刑事責任の有無を問題とするものである。したがって民事事件と刑事事件の別、また個別の事件における具体的な事情を安易に抽象化することは慎まなければならない。

ただ、そのことを踏まえつつ、あえて要約的に整理するならば、次のように述べることができるだろう。

本節が行った時系列的な概観を踏まえていえば、まず、比較的早い時期の裁判例においては、体罰禁止規定を厳格に理解し、体罰の禁止を徹底する方向で議論が積み重ねられてきた。これに対して、いわゆる水戸五中事件東京高裁判決のように、特に一九八〇年代においては、校内暴力などの問題を背景に、「有形力の行使」という観念が導入されることによって、禁止される「体罰」には至らないとされる「有形力」が認められる余地が生じた。だが、学説の批判なども受けながら、いわゆる岐陽高校事件水戸地裁判決、そして平成期に入ってからの判決にみられるように、再び体罰禁止規定を厳格に捉え、体罰禁止規定の趣旨の理論的深化をはかるような傾向をみてとることができるようになってきた。しかしながら二〇〇九年の最高裁判決によって、前述の水戸五中事件東京高裁判決とは異なる「有形力」の観念が採用されたことにより、裁判例における体罰についての理解は、従来とやや異なる様相をみせている、といえるだろう。

かかる裁判例の動向をまとめるならば、裁判例は、体罰をめぐってやや「混迷(86)」ともいえるような動きを示しながら、議論を積み重ねてきたこと、そして「混迷」の中にあって、体罰には至らない、あるいは体罰とは区別されるような「有形力の行使」という観念を導入することによって、個別具体的な事案の解決を図ることがあること、という点を指摘することが許されよう。

第六節　「体罰」禁止をめぐる法規範の現在（3）―学説―

以上、行政解釈と裁判例における体罰概念の捉え方を確認してきた。以下本節では、学説において体罰概念がどのように理解されているのかについて概観する。ここでは、①学教法一一条但書が体罰を禁止する理由と（第一項）、②学教法一一条但書が禁止する「体罰」の定義について（第二項）、それぞれ学説を整理する。

はじめに①学教法一一条但書が体罰を禁止する理由をめぐる学説の議論を検討する。その際、本章は学説を便宜上二種に分類する。すなわち、「理論的見地から体罰禁止規定を基礎づける見解」と「体罰の持つ意義や影響から体罰禁止規定を基礎づける見解」の二つに分けて検討する。

無論、実際に後に検討を進めればすぐにわかるように、体罰禁止規定の意義をめぐる議論が、常にこの両者のいずれかに泰然と区別できるわけではない。しかしこのような整理をすることによって、学説の傾向ないし特徴を把握しやすくなるのではないかと考える。

そもそも、既に学教法一一条但書の沿革を確認した第三節でもみたとおり、施行直後において同規定の趣旨は必ずしも明瞭とはいえず、同法施行直後は「國民學校令第二〇條に由来している[87]」とか「新しい規定ではない[88]」という説明に留まっていた。また今日においても、少なくとも教育法の概説書類において、その趣旨が明示的に説かれることは少なく、ただ、体罰が禁止されること、あるいはさきにみた行政解釈を示しつつ、具体的にいかなる行為が禁止される体罰であるのかを示すに留まるものが多いように思われる。

しかし、本章は、体罰が禁止されること、あるいは具体的にいかなる行為が学教法一一条によって禁止される体罰なのかを説くことと少なくとも同程度には、体罰禁止規定の趣旨を確認することが重要であると考える。

第一項 「学教法一一条但書が体罰を禁止する理由」についての学説

一 原理的見地からの基礎づけ

(一)「人権尊重」と「非権力的教育観」

先述したとおり本節では、「理論的見地から体罰禁止規定を基礎づける見解」と「体罰のもつ意義・影響から体罰禁止規定を基礎づける見解」とに分類して、まず前者につき、教育法学を先導した論者の見解を中心に整理する。

はじめに、一九六三年に刊行された、教育法学における代表的な体系書[89]における体罰禁止規定についての議論を確認する。

この体系書は、体罰の問題を「教員が行う事実的行為としての懲戒における教育的裁量権の限界[90]」の問題と位置づけたうえで、次のように説く。

まず、戦前における体罰禁止規定においては、「多少の肉体的実力行使は禁ぜられる体罰に該当しないと解され、現実に体罰が相当行なわれ多くの事件を惹起していた[91]」と指摘する。しかし「現行法制のもとでは、児童生徒の人権尊重と非権力的教育観の見地にそくし、『肉体的苦痛を与える懲戒』をひろく体罰とみる解釈が確定」[92]しているると述べる。

ここでは、何が体罰か、という点については行政解釈を踏襲しつつも、人権尊重の観念と「非権力的教育観」[93]という二つの理念によって体罰禁止の趣旨が説明されていることが注目される。そのうえで「いかなる懲戒行為が肉体的苦痛をもたらすかは具体的諸事情に応じてきめるほかはないが、体罰が児童生徒の人権を侵害することの多かった旧法制下の沿革をもつわが国では、かような厳格な立法および解釈基準のもとで具体的慣行を形成していくことが妥当」[94]であるとする。[95]

ここに見た「人権尊重の観念」からする体罰禁止規定の基礎づけは、先に見たいわゆる池原中事件大阪高裁判決にも見られるように、裁判例においても論じられていることもあるためか、後年の旧文部省の行政官の手になる学教法の解説でも言及されている。[96]

（二）「学習権保障的懲戒の原理」

同書はその後の改訂において、人権尊重の観念と「非権力的教育観」によって体罰禁止を基礎づけていた態度に修正を加え、「こんご積極的には、教育的懲戒が子どもの学習権・人間的成長発達権を十分に保障するものでなければならないこと（学習権保障的懲戒の原理）を重視していくべきである」[97]として、懲戒を受ける側の「学習権」保障の見地を前面に置いて基礎づけを行っている点が注目される。

その見地から体罰について「〝ある程度の体罰〟の教育的専門性といったことは、そう簡単には認められない」[98]であろうし、「教師の人間的興奮をともなう〝体罰教育〟の教育効果には不測性が強いとともに、その行きすぎを防止する手だてに乏しく、また暴力連鎖のおそれも有る」[99]ことから「教師の十分な教育専門的判断にうらづけられた生活指導ないし懲戒は、やはり体罰的方法を簡単には良しとはしないはず[100]」だと指摘する。[101]

(三)「原理規定」説

さらに論者は後年、学教法一一条但書の「体罰禁止原則」につき、「教育法的には、現行法制において『体罰禁止』は一つの原理規定として法定されている[102]」との見解を示す。この論では、「人びとが体罰の反対・肯定という意見を言うとき、原理(基本的な考え方)論と制度的しくみ論とを十分に分けておく必要[103]」があるとしたうえで、[104]戦前の体罰禁止規定は「人権保障なき天皇制国家教育法制の下」では「とうてい原理的な規定とはなりえなかった[105]」が、これに対し、今日の憲法(一三条、一九条、二六条、三六条)、(旧)教育基本法(前文第二段、一条、二条)、世界人権宣言(前文、三条、五条、二六条二項)、児童権利宣言(前文第三段、六条、七条二項)、経済的、社会的及び文化的権利に関する国際規約(一三条一項)をふまえると、体罰禁止規定は「一つの原理規定であると条理解釈されるべきもの[106]」であり、かかる解釈は「教育法学の通説である[107]」と評価するのである[108]。そしてこの「原理規定」ということに意義に関し、別の論稿[109]において「〝体罰教育〟がいけないのは法禁(法律規定で禁止)されているから[110]」ではなく、「教師体罰は教育原理・教育条理・教育法原理によって否認されるのであり、学校教育法一一条ただし書きはその教育原理・法原理の確認規定にほかならないと解釈するのが正しい[111]」と述べている。

このような、学教法一一条但書を「原理規定」と位置づける見解は、その後の教育法学においても説かれる見解となっている。[112]

二　体罰のもつ意義・影響からの基礎づけ

次に、以上にみてきた学教法一一条但書の理論的な基礎づけに対して、体罰禁止規定の意義を、上述のような理論的な根拠によってではなく、体罰がもつ教育上の意義や効果の面から説明する考え方を概観する。本章では、このような考え方を便宜的に「体罰のもつ意義や影響からの体罰禁止規定の基礎づけ」と呼ぶ。

体罰のもつ意義や影響という点は、しばしば、そもそも「体罰は是か非か」という問題が論じられる際に、体罰の有効性を否定する見地から主張されることでもある（なお、「体罰の有効性」をめぐる言説については、本書第三章の考察をぜひ参照されたい）。ここでは、体罰のもつ意義や影響という側面から体罰禁止規定の基礎づけを行う見解について確認する。特に一九八〇年代教育法学の世界において体罰禁止規定についての議論を牽引した論者による見解を概観する。

この見解は、「学校教育法一一条の体罰禁止の法意を憲法・教育法体系の中でとらえると次のようにいうことができる[113]」とした上で、四点を指摘する。

第一に、「体罰の実体・本質は、子ども・生徒の身体に対する教師の暴力行使、『権力的』命令による肉体的苦痛の強制であり、人身保護の明白な侵害[114]」であるとする。第二に、体罰はそれだけでなく「精神的恐怖感、屈辱感と暴力への屈従感を与え、生徒の人格（自尊心、ほこり等）を破壊する[115]」ものであると指摘し、これが「『人が人間らしく扱われることの憲法的保障』としての人権と根本的に相入れない[116]」がゆえに体罰は禁止されるべきと論じる。さらに第三に、体罰からは「近・現代社会の基本的構成原理の一つとしての非暴力の原理の意味、その下での自己表現・発達、対立の解決の方法を学」ぶことはなく[117]、いわゆる旭川学力テスト事件最高裁判決（最高裁昭和五一年五月二一日大法廷判決、『最高裁判所刑事判例集』三〇巻五号、六一五頁所収）の説く「将来一人前の大人となり、共同社会の一員としてその中で生活し、自己の人格の完成、実現していく基礎となる能力」を身につけることができないとして、ゆえに「学習権保障からも体罰は否定されざるをえない[118]」と述べる。加えて第四に、「生徒への暴力・肉体的苦痛を与える[119]」体罰は、「最も安易で原始的処罰の方法[120]」であって、「教師の専門性を否定するものであると解される[121]」と指摘する。

この説は、理論的見地から基礎づける学説の考え方に加え、体罰が「肉体的苦痛の強制」であって、「生徒の人格（自尊心、ほこり等）」に対する攻撃であること、という点をあげ体罰禁止規定を基礎づける点が注目される。

三　小　括

以上、「学教法一一条但書が体罰を禁止する理由をめぐる学説の議論」を概観してきた。ここで整理を行う。

本章は、体罰を禁止する理由についての学説を、便宜上、「理論的見地からの基礎づけ」と「体罰のもつ意義、影響からの基礎づけ」という二つに分類して整理した。

しかし、たとえば、「理論的見地からの理由付け」に分類した人権尊重の観念と「非権力的教育観」という根拠づけにつき、「体罰のもつ意義・影響からの理由付け」に分類した見解において、体罰が「人身保護の明白な侵害」であり、生徒に「精神的恐怖感、屈辱感と暴力への屈従感を与え、生徒の人格……を破壊する」ものであり、『人が人間らしく扱われることの憲法的保障』としての人権と根本的に相入れない」ものであると説明されていることからも推察されるように、基本的に同じ価値観による基礎づけを異なる視点から説いている、とみることができる。誤解を恐れずに換言すれば、両者の違いは、体罰禁止規定の基礎づけにあたって、理論的、体系的な見地から出発して説明するか、それとも体罰という行為の実際上の問題点から出発して説明するか、という違いであって、両者において、人権尊重の理念、「非権力的教育観」、あるいは「学習権保障」といった、いわば根底にある価値観は共有されているとみてよい。

さらに視点を変えて見直し、「原理」と「制度的しくみ」とを分ける「原理規定」説の考え方に沿っていえば、「原理規定」説（さらに、それに先立つ理論的見地からの基礎づけを試みる見解）は、学教法一一条但書から「教師体罰」を否認する「教育原理・教育条理・教育法原理」という「原理」を析出する見解であるのに対して、体罰の持つ影響からの理由付けを試みる見解は、体罰禁止の「制度的しくみ」の構築に向けた議論である、という捉え方も可能であるかもしれない。

実際、体罰のもつ影響からの基礎づけを行う見解は、以下に見るように、「法概念としての体罰」概念を構成しようという試みに接続されていく。

第二項　「学教法一一条但書が禁止する体罰とは何か」についての学説

以上、学教法一一条但書が体罰を禁止する理由についての学説の議論を、便宜上二つに分類したうえで概観した。

次に、その学教法一一条但書によって禁止されるべき「体罰」とは何か、についての学説の議論をみていく。

ただ、この点については学説の議論が十分に深化しているといえるか、疑問を呈する余地がある。少なからぬ学説は、先に示した行政解釈による体罰の定義と具体例を引用することで、学教法一一条但書が禁止する体罰の意義を確認するに留まっていると言わざるを得ない(122)。このことの背景として考えられるものとしては、「体罰にいたらない懲戒行為との区分は教育的諸事情に応じて流動的であ」ること(123)、それゆえに「体罰とはこのようなものである」という一般化が難しいこと、といった事情が挙げられよう。要するに、具体的局面においては「ケース・バイ・ケース」で考えるよりほかない、という現実に直面する、ということであるといえる。

この点に留意した上で、以下、確認していく。

学教法一一条但書が禁止する「体罰」とは何か、という点については、今も述べたとおり、先に紹介した行政解釈における定義、具体例が重要なものとして取り扱われてきた。

これに対して、行政解釈や裁判例を踏まえたうえで「法概念としての体罰」(124)の定義を試みる見解がある。先に整理した学教法一一条但書が体罰を禁止する理由についての見解のうち、体罰のもつ意義や影響から基礎づけを行う見解が、「法概念としての体罰」の定義を試みる。以下、この見解を確認する。

この見解にいう「法概念としての体罰」とは、すなわち「①学校教育法関係の下で、②教員が、直接または間接に、生徒らに対して行う、③教育目的をもった、④懲戒行為のうち、⑤生徒らの肉体に苦痛を与える行為[125]」であるという。

この定義によれば、まず①との関係で、教員の懲戒・体罰は「教育に関わる権利・権限と義務の関係」である「教育法関係の中でとらえられなければならない[126]」。

そして、この関係性（「学校教育法関係」）が認められない中で行われた、生徒に対して肉体的苦痛を与える行為は、学教法一一条但書にいわゆる体罰には含まれ得ず、「暴行・傷害行為論のレヴェルで究明されることになる[127]」。また、②に関しては「殴る、蹴るといった直接的懲戒行為」だけではなく、「結果的に肉体的苦痛を与える行為」も体罰に該当する[128]、とされる。さらに③に関しては、問題の行為につき、それが教育目的をもったものだからといって「体罰該当性を否定する根拠には全くならない[129]」とし、むしろ教育目的が認められなかった場合に学教法一一条但書の「体罰」とはせずに「暴行・傷害行為論として論ぜられるべき[130]」ものとしてあつかうとしている。

そして上記①ないし④に示された「体罰該当性の前提要件[131]」を踏まえたうえでの「実体的要件[132]」たる⑤に関して、「ことば・命令による肉体的苦痛を与えない生徒の人格・名誉権の侵害、差別的措置、学習権の侵害は、体罰には含まれない[133]」とし、体罰が生徒らの精神的苦痛を伴うものであることは認めつつ、肉体的苦痛とは別の「生徒の精神的打撃・損失は、生徒の人間性の尊厳・名誉権の観点[134]」から、「体罰からの評価とは別個に、懲戒行為の違法性の理由とされるべき[135]」と説く。

以上[136]①ないし⑤の要件を満たした場合、問題の行為は「体罰」であるとされ、違法の判断を受けることとなる一方、①ないし④のいずれかの要件が欠けたうえで⑤の要件が満たされた場合には、その行為は学教法一一条但書の「体罰」としてではなく、「暴行・傷害行為、不法行為問題としてのみ扱われる」[137]という。

以上確認してきた「学教法一一条但書によって禁止されるべき体罰」の該当性を判断する要件を明らかにしようとする見解は、「学校教育法がいう『体罰』が何を意味しているのかが必ずしも明確になっていない」[138]という指摘がみられる中、それまでの行政解釈や判例を踏まえたうえで、学説上必ずしも明確に定義されているとは言い難かった「法概念としての体罰」を明らかにしようとする試みとして注目されるべきものである。

論者によれば、かかる主張の背景には、「体罰概念の混乱」[139]があるという。すなわち、世論調査等を通じて用いられる「体罰」という概念に対する人びとの意識と、行政解釈や学説によって論じられ、示される「体罰」の捉え方にはズレが存在している点に問題性をみいだしたからこそ、上記のような「体罰」概念の整理、再検討を行ったというわけである。[140]

しかし、この見解については次のような疑問を示すことも可能であろう。この見解では前記①ないし⑤の要件を満たした場合に、前述の通り、それは学教法一一条但書の禁止する「体罰」に該当し、違法である旨の評価を受けるとともに、とくに①ないし④のいずれかの要件が欠けた上での肉体的苦痛を与える行為については、暴行・傷害罪、あるいは民法上の不法行為として論じられるべきものであるとする。

しかし、現実には、特に被害者側から体罰問題の法的責任を追及するに際しては、不法行為に基づく損害賠償請求や、警察等への告訴等を通じて暴行罪や傷害罪に問う、という形になるはずである。そして先に検討した裁判例からも見て取れるように、「体罰」概念は法的責任を追及する場合の「決定打」

としては、必ずしも機能していないように見受けられる。そのようなことを踏まえた場合、「法概念としての体罰」を明らかにすることと、それによっていかなる効果が発生するのか、という点を考え直してみる必要があるように思われる。この点については次節で若干ながら検討する。

第七節　若干の考察

以上、本章は学教法一一条但書のいわゆる体罰禁止規定をめぐる議論を概観し、整理してきた。以上の作業を通じて確認したことは、極めて簡略に要約すれば、次のようになろう。

まず、学教法一一条但書のいわゆる体罰禁止規定は、制定当時においてその立法理由が必ずしも明確とは言えなかった。

次に、その学教法一一条但書をいかに理解するか、という点につき、まず、行政解釈は生徒の身体に肉体的苦痛を与える行為を広く「体罰」として把握する立場で一貫しているといえる。

そして、裁判例においては①「体罰」に至らない、あるいは「体罰」には当たらない「有形力の行使」という考え方が用いられることがあり、また、②問題の行為の違法性を判断するうえで、それが「体罰」か否かということが常に決定的な基準となっているというわけではなく、むしろ懲戒権の濫用か否かを判断する枠組みの中で検討される傾向にある、という点を指摘することができるだろう。

以上に対して学説においては、理論的な側面と体罰のもつ意義や影響という側面の二つから体罰禁止規定の基礎づけを行い、学教法一一条但書を「原理規定」として位置づけたり、あるいは違法行為としての「体罰」の概念規定を明確化したりしようとする試みが行われてきた。

ここまでの考察を踏まえた上で、本章は体罰禁止規定をめぐって次のような問題点が存在することを指摘したい。

問題は大別して二つある。第一は、従来論じられてきた「体罰」という概念の理解についての問題である。そして第二は、その前提である「体罰禁止規定」の意義をめぐる問題である。

第一項 「体罰」概念の広汎性

第一の問題は、学教法一一条における「体罰」概念の理解が広汎に過ぎたのではないか、という点である。

従来から論者より、「体罰」概念の理解をめぐって「混乱(141)」、あるいは「混迷(142)」が生じていると指摘されてきた。

ある論者は、たとえば行政解釈や学説においては当然には体罰とされるわけではない「立たせる・正座させる」という懲戒行為が、各種の世論調査では「体罰」として把握されている点を指摘して、「法概念としての体罰(143)」に比して「社会常識用語・教育用語としての〝体罰〟(144)」が「はるかに広義(145)」に捉えられているとし、そこに「『体罰』概念の混乱、拡張(146)」があるという。

また別の論者は、「体罰」といってもそれが実施される状況も、また行使の態様も様々であり、かつ、

「体罰」という言葉でイメージするものも人びとの間で相当異なっているであろうことを指摘[147]したうえで、「教育上の（教育現場における）『体罰』と『法概念としての「体罰」』との錯綜」があり[148]、「現実には、両者が必ずしも区別されずに論じられているところに問題の一端がある[149]」のではないかと論じる。

いずれの見解も、法律上の概念としての「体罰」と教育現場やそれをとりまく社会において用いられる「体罰」ということばとの間に、意味内容や想定する具体的場面にギャップが存在していることを指摘している。このギャップが存在することが「体罰」をめぐる議論を錯綜させている可能性は十分に存在するといえるだろう。

本章は、このような「混乱」ないし「混迷」が生じる原因として、たとえば従来の行政解釈におけるような「体罰」概念の理解それ自体に問題があるのではないか、と考える。

既に指摘したように、行政解釈は一貫して、学教法一一条但書が禁止している「体罰」を、殴る、蹴るといった生徒に対する直接的な攻撃的行為のみならず、広く「被罰者に肉体的苦痛を与えるような懲戒」と捉えている。また、行政解釈は、ある行為がここにいう「体罰」に該当するか否かについて機械的な判断はできず、被罰者である生徒の「年齢、健康・場所的及び時間的環境問う種々の条件を考え合わせて」判断すべきとの考え方を示している。

無論、「体罰」につきいかなる定義を採用したとしても、最終的には個別具体的な事情に即した上で「体罰」該当性の判断をする必要は生じるはずであり、「グレーゾーン」の存在は不可避であるという側面もあろう。もっとも、この点については、いかなる法概念であっても当面するはずの問題であり、それ自体は「体罰」概念固有の問題とは言いがたい。

だが、ここでこの問題が重要だと考えるべき理由は、とりわけ行政解釈が「体罰」概念を広く「肉体的苦痛」を与える懲戒だと把握することにより、かえって禁止すべき「体罰」概念の外延が不明確になっているのではないか、という点にある。

このことは、行政解釈が、個々の教員が教育活動を行う中で懲戒権を行使するにあたって参照すべき「行為規範」として機能することが期待されていることを踏まえて考えた場合、決して小さくない問題であるといえる。教員が自らの行為の法的正当性を判断する際の基準それ自体が明確ではないことを意味するわけであり、「行為規範」として適切な役割を果たし得ていないという疑問を呈することができるからである。

第二項 「体罰」と「有形力の行使」

前述の通り、第一に考えなければならないのは、「体罰」概念が広汎に失するという点である。そしてこの問題を考える場合に避けることができないのは、裁判例においてしばしば用いられている「有形力の行使」という観念との関係である。この観念について考えることは、「体罰」概念の再考のひとつの「鍵」となり得るように思われる。

「有形力」の「行使」という観念につき、たとえば、いわゆる水戸五中事件東京高裁判決において、「内容、程度が体罰の範ちゅうに入るまでに至」らない程度の「有形力の行使」という観念が用いられていることは、すでに確認したとおりである。また、二〇〇九年の最高裁判決においても、水戸五中事件東京高裁判決とはやや異なるかたちで問題となったことについても、すでに確認した。

本章では、とくに二〇〇九年の最高裁判決における「有形力の行使」という観念を契機として、「体罰」概念を再考する必要があると考える。以下詳述する。

いわゆる水戸五中事件東京高裁判決をはじめとする、体罰に至らない「有形力の行使」の観念を取り入れた下級審判決は、生徒の頭部を手や出席簿で叩くなど、まさに懲戒の方法として有形力の行使を行っていると評価できる。

これに対して二〇〇九年の最高裁判決で問題となっている行為は、「有形力の行使」ではあるが、児童が悪ふざけをしないように指導するためのものであり、「悪ふざけの罰」として児童に対して「肉体的苦痛を与えるためにおこなわれたものではない」とされている。最高裁判所調査官による同判決の解説によれば、「それ自体が懲戒行為であるというよりむしろ悪ふざけをしたXを指導するために逃げるXを捕まえてその場にとどめる目的でされたもの[150]」だということができる[151]。つまり、問題とされている「有形力の行使」は、それ自体として懲戒の方法として行われているのではなく、「指導」を実施するための前提となるべき行為だと考えることができるわけである。最高裁は、本件で問題となった行為について、「肉体的苦痛を与える懲戒」とは異なるものと評価したのだと考えることも可能であろう[152]。

以上要するに、一口に「有形力の行使」といっても、いわばその連続線上において「体罰」に至りうる行為と、当然には「体罰」に至るとはいえない行為という二つの行為類型を想定することができる、ということである[153]。

この両者を分析的に考えることなく「体罰」を論じてきたことが、とりわけ教育現場において、学教法一一条が禁止する「体罰」とは何か、についての疑問や困惑を生み出し、体罰禁止規定の実効性を不十分なものとする原因にすらなっているのではないか、と考えることができる。仮にこの推測が的を射たものならば、「体罰」概念を再考するにあたり、二〇〇九年最高裁判決が析出した「有形力の行使」という観念を、「体罰」との関係をどのように捉えるべきなのかを検討する必要があろう。ある論者の指摘の言を借りるならば、「『体罰』と一括りにされる傾向のある教員の行為を類型化して考える必要があろう(154)」。

第三項　「懲戒」と「体罰」―体罰禁止規定を再考する必要性―

以上本章は第一の問題として、「体罰」概念を再考する必要性を指摘した。だが、「体罰」概念を再考するにあたっては、さらにその前提として、体罰禁止規定の意義を改めて検討する必要があろう。

既に確認したように、学教法一一条但書は、戦前の規定をそのまま移入したといって差し支えない規定であり、立法理由が不明確なものであった。これに対して、今日、学説上は理論的見地、あるいは体罰のもつ意義や影響という見地から同規定の基礎づけが行われているし、また、行政解釈や裁判例においても、生徒の人権保障や教育的効果という観点から基礎づけが与えられているようになっている。

本章は、学教法一一条の存在にもかかわらず、今日なお「体罰の是非」が論じられるという現実に鑑みれば、体罰禁止規定の意義や役割についてより一層の理論的精緻化が必要であると考える。

そして、体罰禁止規定の意義を考えるに当たっては、そもそも学教法一一条本文の意義、すなわち教員に懲戒権を認めるこの規定の意義について再考する必要も生じよう。とりわけ本章が再考を要すると目するのは、同条にいわゆる「教育上」の「必要」という観念である。

学教法上の懲戒は、単なる紀律維持の制度にとどまらず、紀律維持とは異なる「本人に対する教育上の必要」によっても行使されうるものと位置づけられていることは、すでに確認したとおりである。では、学教法一一条にいう「教育上」の「必要」とはいったい何なのか。このこととの関係で、懲戒権の意義、そして体罰禁止規定の意義について再考する必要があるのではないか。このことは、しばしば違法な体罰を含む懲戒行為が「君のためを思って」という理由によって行われることに鑑みたとき、看過すべきではない問題であろう。

この点につき、法律論としてはひとまず次のように考えることができよう。

すなわち、「人格の完成を目指し、平和で民主的な国家及び社会の形成者として必要な資質を備えた心身ともに健康な国民」（教育基本法一条。なお、旧教育基本法一条をも参照）を育てることを目指すことが、現行法制の下における「教育」の目的であるならば、懲戒権を行使するにあたって考慮されるべき「教育上」の「必要」とは、「人格の完成」と「平和で民主的な国家及び社会の形成者」としての「国民」の育成に寄与するか否かを基礎に判断しなければならないはずである。見方を換えれば、教育における懲戒は、単なる紀律違反に対する制裁としてではなく、それ自体が「教育」の一環として位置づけられるべきものと考えなければならないはずである。

そしてそれゆえに、懲戒行為をいつ、どのような形で実施するのかについて、教育の専門家としての教員の専門的な裁量が認められるべきであると考えることができる。そのことを法律上明示したのが学教法一一条にいわゆる「教育上」の「必要」という観念であるということができるだろう。

そうだとするならば、仮に学説において説かれるように「学校教育秩序を維持するため、または本人に対する教育上の必要から」[155]懲戒が認められるとするのならば、いかなる意味において紀律違反とは異なった「本人に対する教育上の必要から」懲戒が認められるべきであるのかについては、より詳細に検討が行われるべき問題ではなかろうか。

我々はしばしば体罰は、「当人のためを思って」行われるという「弁明」に接する。すなわち、体罰問題に接するときに、「当人のためを思って懲戒を行った結果、それが行き過ぎてしまい、体罰に至ってしまった」といった説明に直面することがある。個別の事情を子細に検討すれば、あるいはその説明は「真実」かもしれない。しかし、学教法一一条但書の見地からすれば、まさに「行き過ぎ」て「体罰」に至ることそれ自体が問題のはずであり、それを規制しているはずである。だが、一方でそうした「行き過ぎ」に至る契機が「当人のためを思って」なされた点にあるとするならば、その点をどのようにコントロールすべきかが問題となろう。そして「体罰」に至る「行き過ぎ」をコントロールするためにも、「教育上」の「必要」とはいったい何なのかを自覚的に再検討する必要があると思われる。

第八節　むすびにかえて

以上本章は、学教法一一条但書の「体罰禁止規定」の意義を確認するとともに、そこに伏在する問題点を析出する作業を行ってきた。

第七節において確認した問題点を要約すれば、まず、学教法一一条但書にいわゆる「体罰」の概念につき、その解釈が広汎に失すること、また「有形力の行使」という観念が登場していることとの関係で概念それ自体を再考する必要があることを指摘した。次に学教法一一条但書が体罰を禁止していることの意義を改めて再検討する必要があること、さらにそもそも学教法一一条が規定する教員の生徒に対する懲戒権の意義について、とりわけ「教育上」の「必要」という観念の再確認を行う必要があること、を示した。

今も確認したとおり、「法規範」と「実態」の齟齬を解消するという課題に対しては、体罰禁止規定の意義、そして教員に認められた懲戒権の意義について再考する必要がある。

この点について、本章筆者がどのように考えているか、私見を提示すべきであろう。あくまでも試論の域を出ないが、特に体罰禁止規定の意義について、第四章第二節において若干の考察を行うことにしたい。

注

(1) 本章及び第四章第二節においては、原則として学校教育法等の法令に従って「教員」という語を用いる。

(2)「浜松日体高校のバレー部で体罰 顧問が平手打ち」、朝日新聞(夕刊)、二〇一三年九月一七日、一四面。

(3) 朝日新聞(朝刊)、二〇一三年八月一〇日、三四面(大阪版)を参照。

(4)「全否定の弊害に目を向けろ 作家・岩崎夏海さん」産経新聞(朝刊)、二〇一三年一月二九日、一四面(東京版)。

(5)「【主張】体罰と自殺 愛情の一片も感じられぬ」産経新聞(朝刊)、二〇一三年一月一日、二面(東京版)。

(6) ここに述べた体罰禁止規定と実態の「齟齬」という問題を考えるにあたっては、法解釈学的な検討はもちろん、法社会学的な手法を通じた実態の把握と分析が必要かつ有用であろう。この点につき、「教育法社会学」の見地から体罰の実態把握に努め、体罰問題に取り組んだ重要な研究として、今橋盛勝の一連の著作がある。たとえば、今橋盛勝、『教育法と法社会学』、三省堂、一九八三年、特に九〇—一〇二頁、同、『学校教育紛争と法』、エイデル研究所、一九八四年、一八—一一〇頁を参照。また、法社会学からの研究として、馬場健一「法の実効性とその社会的基盤—学校体罰と体罰禁止規定をめぐって(一—二)—」、『神戸法学雑誌』四五巻二号、一九九五年、二八五頁、四六巻四号、一九九七年、七三一頁、早崎元彦、『体罰はいかに処分されたか』法律文化社、二〇〇九年、を参照。

(7) なお、本章の叙述にあたっては、既発表の前田聡、「学校教育法が禁止する『体罰』とは何か」、『流通経済大学法学部流経法学』一三巻二号、二〇一四年、一九頁以下を基礎としていることをお断りする。本章では、同論文における論旨を整理し、主張をさらに明確化するよう努めるとともに、相当程度補筆している。

(8) 金子宏ほか編、『有斐閣法律学小辞典』、有斐閣、第四版補訂版、二〇〇八年、八六三頁。

(9) 遠山敦子、「学校における懲戒と体罰禁止の法制」、『季刊教育法』四七号、一九八三年、一六—一七頁。

(10) 同前、一七頁。

(11) 同前。

(12) なお、渡辺孝三、『学校管理法』、高陵社書店、一九六二年、一七一頁は、教員の生徒に対する懲戒権の性格につき、生徒らが学校で教育を受けることを「学校という教育に関する営造物を利用する関係」ととらえ、「学校という営造物の特別権力に服する」ことを「当然」としたうえで、「懲戒処分」を「学校という営造物における特別権力関係」から行われる「規律違反に対する処分の一つ」であると述べる。この見解にあっても、「特別権力の発動としての懲戒も、『教育の論理』に立つことが、自律的に要求される」（同頁）という。
　ただし、ここに述べられている「特別権力関係」という考え方は、今日の憲法学において否定的に捉えられていることに注意を要する。この点につき、たとえば、芦部信喜、『憲法学Ⅱ人権総論』、有斐閣、一九九四年、二四六—二五〇頁を参照。
(13) 永井憲一＝今橋盛勝、『教育法入門』、日本評論社、一九八五年、一三〇頁〔今橋執筆〕。
(14) 今村武俊＝別府哲、『学校教育法解説（初等中等教育編）』、第一法規出版、七版、一九七四年、三四八頁。
(15) なお、本章注（12）で挙げたように、渡辺・前掲注（12）、一七一頁も、「特別権力の発動としての懲戒も、『教育の論理』に立つことが、自律的に要求される」としている。
(16) 兼子仁、『教育法』、有斐閣、新版、一九七八年、四三三頁。
(17) 同前。
(18) 永井憲一編、『基本法コンメンタール教育関係法』、日本評論社、一九九二年、八三頁〔市川須美子執筆〕。
(19) 同前。
(20) なお、同様の見解として、姉崎洋一ほか編、『ガイドブック教育法』、三省堂、二〇〇九年、四五頁〔吉岡直子執筆〕は、学教法一一条が規定する懲戒は、同条及び学教法施行規則二六条一項の文言が示すように「教育的な行為である」ということを、まず確認すべきであると指摘する。
(21) 市川須美子、『学校教育裁判と教育法』、三省堂、二〇〇七年、八六頁、神田修＝兼子仁編著、『ホーンブック教育法』、北樹出版、一九九五年、六九頁〔市川須美子執筆〕を参照。

(22) 教育法研究会、『教育法　現代行政法学全集〔二四〕』、ぎょうせい、一九八八年、一五四頁〔戸渡速志執筆〕。
(23) なお、市川・前掲注(21)、八六頁は、「懲戒処分」は「学校教師集団（対外的には校長名で表示）によって行われる」と説く。
(24) 永井編・前掲注(18)、八三頁〔市川執筆〕。
(25) 今村＝別府・前掲注(14)、三四九頁。
(26) 我妻栄、『親族法』、有斐閣、一九六一年、三一六頁。
(27) 我妻・前掲注(26)、三二八頁。
(28) 於保不二雄編、『注釈民法（二三）親族（四）』、有斐閣、一九六九年、九二頁〔明山和夫執筆〕。なお、島津一郎＝松川正毅編、『基本法コンメンタール第4版／親族』、日本評論社、二〇〇一年、二一〇頁〔田中通裕執筆〕をも参照。
(29) 我妻・前掲注(26)、三三〇頁。
(30) 於保編・前掲注(28)、九二頁〔明山執筆〕。
(31) 於保編・前掲注(28)、九四頁〔明山執筆〕（傍点は本章筆者）。
(32) なお、たとえば、有泉亨、『新版親族法・相続法』、弘文堂、補正第二版、一九八八年、一〇三頁は、「必要な範囲内で肉体的または精神的な懲罰を加えることができる」と説く。また、川井健＝久貴忠彦編、『親族・相続法』、青林書院、一九八八年、一一六頁〔松倉耕作執筆〕は、「子の非行を矯正するために、いわゆる愛の鞭として、親権者が子の身上に制裁を加える権限」が民法八二二条の規定する「懲戒権」であると説く。
(33) 我妻・前掲注(26)、三三〇頁。
(34) 於保編・前掲注(28)、九四頁〔明山執筆〕。
(35) 同前。
(36) 島津＝松川編・前掲注(28)、二一〇頁〔田中執筆〕を参照。なお、実際の刑事事件として、大審院明治三七年二

月一日判決、『大審院刑事判決録』一〇輯、一二一一頁、札幌高裁函館支部昭和二八年二月一八日判決、『高等裁判所刑事判例集』六巻一号、一二八頁、東京高裁昭和三五年二月一三日判決『下級裁判所刑事裁判判例集』二巻二号、一一三頁を参照。

(37) 東京高裁昭和三五年二月一三日判決・前掲注(36)。

(38) 二宮周平、『家族法』、新世社、第三版、二〇〇九年、二一二頁を参照。

(39) 中田裕康編、『家族法改正』、有斐閣、二〇一〇年、一四五頁〔水野紀子執筆〕。

(40) 於保編・前掲注(28)、九三頁〔明山執筆〕。

(41) 沿革の研究として、寺﨑弘昭、『イギリス学校体罰史』、東京大学出版会、二〇〇一年、二二三頁以下(なお同部分の初出たる、寺﨑弘昭＝金次淑子、「日本における学校体罰禁止法制の歴史」、牧柾名ほか編、『懲戒・体罰の法制と実態』、学陽書房、一九九二年、二五頁以下をも合わせて参照)や、坂本秀夫、『体罰の研究』、三一書房、一九九五年、一七―二八頁を参照。また、戦前からの体罰禁止条項の変遷をまとめたものとして、藤田昌士編集、『日本の教育課題(四)生活の指導と懲戒・体罰』、東京法令出版、一九九六年、三四五―三四六頁を参照。

(42) 寺﨑＝金次・前掲注(41)、二七頁を参照。

(43) 利谷信義、「旧法制下における体罰事件」、小林直樹＝兼子仁編、『教育判例百選』、有斐閣、一九七三年、一一七頁。

(44) 一八九〇年(明治二三年)の小学校令六三条、一九〇〇年(明治三三年)の小学校令四七条、そして一九四一年(昭和一六年)の国民学校令二〇条を参照。

(45) 内藤誉三郎、『学校教育法解説』、ひかり出版、一九四七年、五八頁。

(46) 藤原喜代蔵、『学校教育法要義』、自由書院、一九四七年、五七頁。

(47) 同前。

(48) なお、永井編・前掲注(18)、八四頁〔市川執筆〕もまた、学教法一一条は戦後創設されたものではなく、戦前の規定を引きついだものであると指摘する。

(49) 寺崎＝金次・前掲注（41）、五六頁。

(50) 同前。

(51) 同前（傍点原文）。

(52) 河野通保、『學校事件の教育的法律的實際研究（上）』、文化書房、一九三三年、二三六頁。

(53) また、永井編・前掲注（18）、八四頁〔市川執筆〕は、「戦前の国家主義的教育体制のもとでは、『錬成』という名で体罰教育が横行して」いたため、体罰禁止規定は「死文化していた」と評する。

(54) 利谷・前掲注（43）、一一七頁を参照。

(55) なお、本判決の評釈として、利谷・前掲注（43）、一一六頁がある。また、本判決については、河野・前掲注（52）、二三七—二三九頁、坂本・前掲注（41）、二四—二五頁をも参照。

(56) なお、本判決は事実関係について当事者間において主張に大きな隔たりがあり、その点についての裁判所の判断も注目されるとの指摘があるが、本稿ではこの点に立ち入らない。この点に関しては、利谷・前掲注（43）、一一七頁を参照。

(57) 利谷・前掲注（43）、一一七頁を参照。

(58) 利谷・前掲注（43）、一一七頁は、本判決が「殴打行為であっても体罰にならないもののありうることを、親の懲戒権の現実のあり方からくる社会通念によって、積極的に根拠づけたもの」であり、「ここに、当時の教育法と家族法が微妙な交錯をしているのを見る」と論じる。また、坂本・前掲注（41）、二五頁は、本判決には「教師の懲戒権を親の懲戒権と同一視し、体罰禁止法制と愛の鞭の調整を図ろうとする姿勢が読みとれる」と指摘する。

(59) なお、この点に関連して、「實際教育家の座右」（河野・前掲注（52）、「自序」四頁）に置かれることを期して執筆されたという河野・前掲注（52）、二三六頁が、「生徒の訓育上熱情の溢れから打ち叩く等の事は往々行はれもしやう。只その爲に生徒の身體に傷害を與へたり、體罰の根跡を殘す程度の強度に達すると世間はそのまゝには許さない。この點は充分留意すべきことである」（傍点原文）と論じていることが注目される。ここに示された理解は、まさに当時の裁判所の解釈と同種のものであろう。

(60) なお、本稿執筆に際しては、藤田編・前掲注（41）、三四八―三四九頁所収を参照した。

(61) なお、本稿執筆に際しては、藤田編・前掲注（41）、三四九―三五〇頁所収を参照した。

(62) 文部科学省ウェブサイト［http://www.mext.go.jp/a_menu/shotou/seitoshidou/07020609.htm］を参照。（二〇一四年九月二一日最終閲覧）。

(63) 文部科学省ウェブサイト［http://www.mext.go.jp/a_menu/shotou/seitoshidou/1331907.htm］を参照（二〇一四年九月二一日最終閲覧）。

(64) 文部科学省ウェブサイト・前掲注（62）。

(65) 文部科学省ウェブサイト［http://www.mext.go.jp/a_menu/shotou/seitoshidou/1331908.htm］を参照（二〇一四年九月二一日最終閲覧）。

(66) 内藤・前掲注（45）、五七―五九頁。

(67) もっとも、文部省社会教育局審議官、同初等中等教育局地方課長であった、今村武俊＝別府哲、『学校教育法解説』、第一法規出版、一九六八年、三五三頁は、「体罰の禁止が児童・生徒の人権を保護しようとする趣旨にたっていることからみて、体罰については厳しく解釈されるべきで、前記法務府の見解は、そのような意味で、妥当な解釈といえよう」と説く。また、文部省初等中等教育局中学校教育課長であった、遠山・前掲注（9）、二〇頁は、学校における体罰は「通常、教員が感情的になり、また、児童生徒が反発して、師弟の信頼関係を損い、教育的な効果も期待されない」こと、「学校における教育指導を家庭におけるしつけと同視して考えることはできない」こと、「基本的人権の尊重を基調とする日本国憲法の下で、児童生徒の人権を保証《ママ》する趣旨からも、禁止する必要がある」と説明している。

(68) たとえば、今橋・前掲注（6）、『教育法と法社会学』、九六頁を参照。

(69) なお、本判決の評釈として、小田中聰樹、兼子仁編、『教育判例百選』、有斐閣、第三版、一九九二年、一一〇頁がある。また、本判決について立ち入って分析するものとして、坂本・前掲注(41)第五章、五七—六四頁がある。

(70) 今橋・前掲注(6)、『学校教育紛争と法』、三四頁。

(71) なお、今橋盛勝、「体罰判例の教育法的検討」、牧柾名ほか編著、『懲戒・体罰の法制と実態』、学陽書房、一九九二年、六七頁を参照。

(72) 今橋・前掲注(71)、六八頁を参照。また、坂本・前掲注(41)、六一頁は、本判決が「家庭教育と学校教育の本質の違いから親の懲戒権と教師の懲戒権を峻別した」判断であり、この判断の「決定的な影響」により、その後この種の主張が「法廷から陰を消した」と評する。

(73) 坂田仰、『学校・法・社会』、学事出版、二〇〇二年、一三〇頁。

(74) 同前。

(75) 坂田・前掲注(73)、一三〇頁を参照。

(76) ただし、この事件では担任教員の行為とは別に、複数の保護者の前で黒板に「副番長〔生徒の名前〕」と書いて公表した行為につき、違法性が認められ、この点に基づいて学校を設置する市に対して損害賠償が命じられている。

(77) 今橋・前掲注(71)、六七頁。

(78) なお、坂田仰編著、『法律・判例で考える生徒指導』、学事出版、二〇〇四年、三二頁〔河内祥子執筆〕は、一九九〇年代に入ってから、裁判例は体罰の教育的効果に対し否定的な見解を出す傾向が強く、同年代において第一審が出された公立学校における体罰に関わる裁判例一三件の内、一件を除きすべての事件で学校側の責任を認めている、と指摘する。

(79) 本判決の解説、評釈類として、市川多美子、『法曹時報』六四巻四号、二〇一二年、九二六頁、同、『ジュリスト』一四三八号、二〇一二年、八九頁、奥野久雄、『民商法雑誌』一四一巻三号、二〇〇九年、三七五頁、伴義聖＝吉野芳明、『判例地方自治』三二三号、二〇一〇年、一〇頁、草野功一、『判例地方自治』三二五号、二〇一〇年、八八頁、星野豊、『月刊高校教育』四三巻四号、二〇一〇年、七二頁、同、『私法判例リマークス』四一号、二〇一

○年、六二頁、小賀野晶一、『判例地方自治』三三〇号、二〇一〇年、七四頁、横田光平、『自治研究』八七巻七号、二〇一一年、一二四頁がある。
(80) 市川・前掲注(79)、『法曹時報』、九三六―九三七頁。
(81) 坂田仰編著、『学校と法』、放送大学教育振興会、二〇一二年、一一五頁〔黒川雅子執筆〕。
(82) また、坂田仰、『教育法規実践学（下）学校トラブル―教職員・地域対応編』、教育開発研究所、二〇一四年、九〇頁は、本判決について『許される体罰』論に好意的な判断を示した」ものと評する。
(83) 市川・前掲注(79)、『法曹時報』九三五頁。
(84) なお、この点につき、横田・前掲注(79)、一二八頁をも参照。
(85) なお、この点に関し、横田・前掲注(79)、一三三頁は、「本件行為につき指導するためであって罰でないことが明らかであると強調することによって、原審及び体罰に関する多くの裁判例とは異なる判断枠組みを示したものと考えられる」が、しかし、「本判決が『学校教育法一一条ただし書にいう体罰に該当するものではない』と結論付けて違法性を否定したレトリックは、本判決の趣旨をあいまいにするものとして妥当ではない」とする。
(86) 横田・前掲注(79)、一二八頁。
(87) 内藤・前掲注(45)、五八頁。
(88) 同前。
(89) 兼子仁、『教育法』、有斐閣、初版、一九六三年。
(90) 兼子・前掲注(89)、一四七頁。
(91) 兼子・前掲注(89)、一四七頁。
(92) 同前。
(93) 兼子・前掲注(89)は、旧教育基本法二条、同七条をふまえて「今日の教育は、被教育者の自発性を尊重しながら社会生活自体のもつ教育機能を活用して行われる社会的作用とされている」という「社会的教育観」であるとしたうえで、かかる教育観を現行法がとるのならば、「教育主体の意思の優越性は著しく減退し、もはや教育は法的には権力作用ではなく、非権力的な社会作用となったものと解される」と述べる（九三―九四頁）。

(94) 兼子・前掲注（89）一四八頁。

(95) もっとも、あわせて同書は「なお、体罰にいたらない正当な懲戒行為であれば、外形上暴行・脅迫罪や逮捕監禁等の構成要件に該当しても、違法性が阻却され……刑事犯とならないことはいうまでもない」（兼子・前掲注（89）、一四八頁）と論じている点が興味深い。同書が、「外形上暴行」罪に該当しうる具体的な行為態様として、なにを想定していたのかは、論述からは明らかではない。しかし、同書において違法性が阻却されるような、「体罰にいたらない正当な」「外形上暴行」罪に該当しうる有形力の行使が観念されていたかのような記述がみられることは、体罰問題を考えるうえでの示唆を含んでいるように思われる。ただ、本文中でも言及するように、同書の改訂版である、兼子・前掲注（16）、四三五頁は体罰禁止の趣旨を初版にもまして徹底する立場を示しており、「正当な懲戒行為であれば、正当業務行為として刑法犯（逮捕監禁罪・脅迫罪など）とならない」が、しかし「殴打などは暴行罪を免れない」（文中脚注は省略）と説いている。

(96) 本章注（67）を参照。

(97) 兼子・前掲注（16）、四三五頁。

(98) 兼子・前掲注（16）、四三六頁。

(99) 同前。

(100) 同前。

(101) なお、この点については、兼子仁、「『体罰』法禁の教育法的検討」兼子仁＝市川須美子編著、『日本の自由教育法学』、学陽書房、一九九八年、八一頁をもあわせて参照。

(102) 兼子・前掲注（101）、八一頁（傍点原文）。

(103) 同前。

(104) なお、ここで説かれる「原理」と「制度的仕組み」という考え方については、兼子仁、「教育法学における原理と制度」、兼子＝市川編著・前掲注(101)、三八―四〇頁を参照。
(105) 兼子・前掲注(101)、八一頁。
(106) 兼子・前掲注(101)、八二頁(傍点原文)。
(107) 同前。
(108) なお、同書が「教育法学の通説」と評するに当たって引証する文献として、坂本秀夫、『生徒懲戒の研究』、学陽書房、一九八二年、四九頁及び一〇四頁、永井憲一＝堀尾輝久、『教育法を学ぶ』、有斐閣、第二版、一九八四年、一一〇頁〔三上昭彦執筆〕、永井＝今橋・前掲注(13)一三三―一三四頁〔今橋執筆〕を参照。
(109) 兼子・前掲注(104)、三六頁。
(110) 兼子・前掲注(101)、四八頁。
(111) 同前。
(112) 永井編・前掲注(18)、八四頁〔市川執筆〕を参照。
(113) 今橋・前掲注(6)、『教育法と法社会学』、九七頁。
(114) 同前。
(115) 同前。
(116) 同前(文中脚注は省略)。
(117) 同前。
(118) 同前。
(119) 同前。
(120) 同前。
(121) 同前。

(122) たとえば、永井編・前掲注(18)、八四頁〔市川執筆〕は、「法で禁止された体罰とは、『懲戒の内容が身体的性質のもの』で、被罰者に『肉体的苦痛を与えるような懲戒』をいう」として、行政解釈を引いて体罰の定義を説く。なお、この点については市川・前掲注(21)、八四頁をも参照。また、永井＝堀尾編・前掲注(108)、一一〇頁〔三上執筆〕、篠原清昭＝笠井尚＝生嶌亜樹子、『講座現代学校教育の高度化(四)現代の教育法制』、学文社、二〇一〇年、一五六頁、米沢広一、『教育行政法』、北樹出版、二〇一一年、一六五頁も、行政解釈を引いて体罰を説明する。
(123) 兼子・前掲注(16)、四三五頁。
(124) 今橋・前掲注(6)、『学校教育紛争と法』、五六頁(傍点原文)。
(125) 同前。
(126) 同前。
(127) 今橋・前掲注(6)、『学校教育紛争と法』、五六—五七頁。
(128) 今橋・前掲注(6)、『学校教育紛争と法』、五七頁。
(129) 今橋・前掲注(6)、『学校教育紛争と法』、五七頁。
(130) 同前。
(131) 今橋・前掲注(6)、『学校教育紛争と法』、五八頁。
(132) 同前。
(133) 同前。
(134) 同前。
(135) 同前。
(136) 今橋・前掲注(6)、『学校教育紛争と法』、五八頁を参照。
(137) 今橋・前掲注(6)、『学校教育紛争と法』、五八頁。
(138) 坂田編著・前掲注(81)、一〇八頁〔黒川執筆〕。

(139) 今橋・前掲注(6)、『学校教育紛争と法』、五九頁。
(140) 同前。
(141) 同前。
(142) 長尾英彦、「『体罰』概念の混迷」、『中京法学』四四巻三・四号、二〇一〇年、一八五頁。
(143) 今橋・前掲注(6)、『学校教育紛争と法』、六三頁。
(144) 同前。
(145) 同前。
(146) 同前。
(147) 長尾・前掲注(142)、一九二頁。
(148) 長尾・前掲注(142)、一九二頁。
(149) 長尾・前掲注(142)、一九三頁。
(150) 市川・前掲注(79)、『法曹時報』、九三五頁(引用文中の「X」は、本件原告、被控訴人、被上告人たる児童のこと)。
(151) この点につき、「本判決の意味するところは、おそらくXを指導するためにはXを捕まえる必要があり、Xを捕まえる行為の一環として本件行為が行われたとするものであろう」とする、横田・前掲注(79)、一二七頁も参照。
(152) 横田・前掲注(79)、一二八頁を参照。
(153) 無論、そのことが、本文中において言及した、連続線上に「体罰」を観念できるわけではない「有形力の行使」を無制限に認めることにはならないであろうし、またそのように解すべきでも、決してなかろう。実際、二〇〇九年の最高裁判決自体が、教員自身が悪ふざけの対象となったことに立腹して問題の行為を行っていることにつき「本件行為にやや穏当を欠くところがなかったとはいえない」と指摘していることに留意を要する。
(154) 坂田・前掲注(82)、九一頁。

(155) 永井＝今橋・前掲注(13)、一三〇頁〔今橋執筆〕(傍点は本章著者)。

第三章

学校教育における体罰の思想

渡部芳樹

第一節　体罰の思想とその問題

第一項　本章のねらい

学校教育にとって体罰とは何か。また、体罰にとって学校教育とは何か。

この二重の問いは、「近代公教育の陥穽（おとしあな）」をめぐって「体罰」の読み直しを試みる本書に底流する問いである。それは、学校教育における体罰のありようを根源的に問い直すと同時に、「体罰」を通じて学校教育のありかたを根源的に問い直す問いである。

この問いの下、本章では、学校教育における体罰の思想を吟味し、その問題と克服の途を明らかにする。

〈体罰の思想性〉

「体罰は思想である」といえば、反論が上がるかもしれない。あるいは、「体罰は思想性をおびた行為である」といっても同じである。つまり、ある種の暴力に訴える体罰は、思慮深い行為ではないばかりか浅はかで野蛮な行為である、まして思想性があるとは到底いいがたい行為であるというわけである。

むろん、ある種の暴力に訴える行為のすべてが思慮深い行為であるなどというつもりはない。しかしながら、ある教員が体罰を下すとき、そこに当の教員の一時の衝動や激情あるいは利己的な欲求を超えた、ひとまとまりの意味や思いが込められることは少なくない。そこに込められる意味や思いが、児童生徒の反骨精神や克己心の喚起をねらいとする場合もあれば、児童生徒との「真の」信頼関係の醸成をねらいとする場合もある。あるいはまた、しつけなどにもみられるような道徳的啓発をねらいとする場合もある。

いずれにせよ、思想というものが、単なる気まぐれの域を超えた社会的行為に底流するひとまとまりの考えを意味するならば、体罰はたしかにある種の思想（thought）であるといってよい。というのも、のちに見るように、体罰なる行為には、よかれ悪しかれそれを肯定し容認する一定の社会的合意があるといえるからである。

もし体罰が、単なる思慮なき野蛮な行為であるならば、体罰の是非についてそれほど深く考える必要はない。体罰は、根絶されさえすればそれで済む話かもしれない。しかしながら、体罰がある種の思想性をおびた行為であるからこそ、そのありようはつぶさに吟味されねばならない。

〈心の靄の問題〉

ところで、体罰がある種の思想であるとき、体罰の思想をめぐる問題として、さしあたり以下の問題があげられる。すなわち、体罰にまつわる心の「靄《もや》」の問題である。それは、体罰にまつわるある種の「やり切れなさ」や「とまどい」が、まるでつかみどころがない靄のように教育現場を覆う問題であるといってよい。

二〇一二年の暮れ、大阪市立桜宮高校にて起こった体罰自殺事件を契機に、教育現場における体罰は、あらためて大きな社会的関心を集めている。関心を集めるのはよい。しかしながら、その関心は、きわめてヒステリックな方向に向かっているようにみえる。すなわちそれは、絶対悪である体罰の徹底的排除や、体罰教師の性悪さや非人道性の糾弾といった、極端で過激な方向である。むろん、ここで無邪気に体罰を容認するつもりはない。しかしながら、教育現場に向けられた過度にヒステリックな視線や態度は、体罰の思想をきわめていびつな形で教員らの心の奥底に押し込めさせることになりはしないか。あるいはまた、体罰の事実をかえって隠蔽させることになりはしないか。

このような懸念はまるでつかみどころがない靄のように、教育現場に「やり切れなさ」や「とまどい」を蔓延させているようにみえる。なぜ体罰を下してはならないのか、とりわけ体罰が禁止される教育（学）的な根拠がいまいちはっきりとせぬまま、あるいはさせられぬまま、体罰なる行為のみがやみくもに禁止されるならば、教育現場にやり切れなさやとまどいの感が蔓延してもさして不思議ではない。それは、教育にたずさわる心身のありようがまるで引き裂かれた状態にあるようである。

そうであるならば、いまや私たちがなすべきは、体罰という得体の知れない厄介物をみさかいなく悪罵することではなく、体罰なるものの得体をすっかり暴くことではないか。またその作業によって、教育現場にうっとうしくかかる靄を、ともかく晴らすことではないか。なればこそ、学校教育における体罰の思想とその問題の吟味が急務となる。

本章では以下の各論の検討をおこなうことを通じて、学校教育における体罰の思想を吟味し、その問題と克服の途を明らかにする。

第二項　本章の内容

学校教育における体罰の思想をめぐる問題について、本章では、以下の各論の検討を通じて吟味をおこなう。

第一に、学校教育における体罰の思想を吟味するにあたり、さしあたり学校教育における体罰なる行為の特徴を整理する。ここでは、体罰の違法性、体罰と懲戒の関係性、および、体罰とその他有形力の行使との関係性の吟味を通じて、体罰なる行為の特徴を整理する（第二節）。

第二に、学校教育における体罰をめぐる観点について吟味する。ここでは体罰をめぐる観点として、さしあたり体罰肯定論と体罰否定論に類別した上で、体罰をめぐるこれらの観点の特徴を明らかにし、その争点とその争点の前提たる観点、すなわち「体罰をめぐる教育的効果の観点」について吟味する（第三節）。

第三に、この体罰をめぐる教育的効果の観点に潜む「誤謬」について吟味し、最終的に、この教育的効果の観点を超える一つの観点、すなわち「近代公教育の原理の観点」が、いまあらためて要請される点を明らかにする。ここでは学校教育における体罰の余地についても吟味し、その作業を通じて、体罰をめぐる「近代公教育の原理の観点」の意義を明らかにする（第四節）。

第二節　体罰とは何か

体罰とは何か。教育現場において日ごと繰り返され、新聞などで取り沙汰され、私たちが批判を投じ、またときには擁護しようとする体罰とは、そもそもいかなる行為をさすのか。学校教育における体罰の思想とその問題について吟味するに先立ち、本節では体罰なる行為の形式と内容について整理し、その特徴を明らかにする。ここでは特に、学校教育法第一一条と学校教育法第一一条をめぐる文部科学省通知を俎上に載せる。

第一項　体罰の禁止

体罰の善悪をめぐる価値判断はいったん括弧に入れるとしても、学校教育における体罰は、法の下において厳に禁止される。さしあたり、この基本的な点から確認する。

周知の通り、体罰禁止については学校教育法第一一条において、以下の通り規定される。

校長及び教員は、教育上必要があると認めるときは、文部科学大臣の定めるところにより、児童、生徒及び学生に懲戒を加えることができる。ただし、体罰を加えることはできない[1]。

本条文にて述べられる点は、きわめて明白である。学校教育において、児童生徒に対する懲戒は、教育上必要がある場合には容認される。しかしながら、体罰は教育上必要があったとしても容認されない。すなわち、体罰は例外なく禁止される。

学校教育法第一一条但書と呼ばれるこの学校教育法第一一条の体罰禁止規定の内容については、二〇〇七（平成一九）年二月五日の文部科学省通知「問題行動を起こす児童生徒に対する指導について」の別紙「学校教育法第一一条に規定する児童生徒の懲戒・体罰に関する考え方」においてもあらためて、以下の通り勧告される。

児童生徒への指導に当たり、学校教育法第一一条ただし書にいう体罰は、いかなる場合においても行ってはならない。教員等が児童生徒に対して行った懲戒の行為が体罰に当たるかどうかは、当該児童生徒の年齢、健康、心身の発達状況、当該行為が行われた場所的及び時間的環境、懲戒の態様等の諸条件を総合的に考え、個々の事案ごとに判断する必要がある。(2)

いかなる行為が体罰に該当するかはいったん括弧に入れるとしても、いずれにしても例外なく児童生徒に対する体罰が禁止される点が、ここであらためて確認される。

また、二〇一三（平成二五）年三月の文部科学省通知「体罰の禁止及び児童生徒理解に基づく指導の徹底について」においても、基本的に二〇〇七（平成一九）年の通知の内容を踏襲し、「体罰は、学校教育法第一一条において禁止されており、校長及び教員（以下「教員等」という。）は、児童生徒への指導に当たり、いかなる場合も体罰を行ってはならない」[3]と通知される。ここでも同様に、体罰は例外なく禁止される点が確認される。

以上の通り、学校教育における体罰は、体罰の善悪をめぐる価値判断はいったん括弧に入れるとしても、学校教育法第一一条の規定に基づき法の下において禁止される。それは、教育上必要があると考えられる場合であっても例外ではない。まずは、この基本的な点を確認した。

第二項　懲戒と体罰

学校教育における体罰は、学校教育法第一一条の但書を根拠として、法の下において例外なく禁止される。

では、この法の下において例外なく禁止される体罰とは、はたしていかなる行為をさすのか。学校教育において禁止される体罰なる行為について、本項ではあらためて、先の学校教育法第一一条とそれに関連する文部科学省通知を参照し、その特徴を明らかにする。

〈懲戒〉

体罰禁止について、あらためて学校教育法を参照する。同法第一一条では、「校長及び教員は、教育上必要があると認めるときは、文部科学大臣の定めるところにより、児童、生徒及び学生に懲戒を加えることができる。ただし、体罰を加えることはできない」とし、懲戒と体罰とを峻別する。すなわち、学校教育において、児童生徒に対する懲戒は教育上必要がある場合には容認されるが、体罰は教育上必要があったとしても例外なく禁止される。

ところで、ここにいう懲戒とは何か。懲戒とは、広義には「不正または不当な行為に対して制裁を加えるなどして、こらしめること」をさす。狭義については、つまり学校教育における懲戒については、例えば『生徒指導提要』にて以下のように記述される。

学校における懲戒とは、児童生徒の教育上必要があると認められるときに、児童生徒を叱責したり、処罰したりすることです。また、学校の秩序の維持のために行われる場合もあります。懲戒は、制裁としての性質を持ちますが、学校における教育目的を達成するために行われるものであり、教育的配慮の下に行われるべきものです。(4)

つまり、懲戒とは児童生徒を叱責・処罰する行為であり、制裁・こらしめとしての性質を有するということである。この懲戒は「法的効果を伴う懲戒」と「事実的行為としての懲戒」、すなわち、退学と停学がそれにあたる「児童生徒の教育を受ける地位や権利に変動をもたらす懲戒」と、「児童生徒を叱責したり、起立や居残りを命じたり、宿題や清掃を課すことや訓告を行う」など「児童生徒の教育を受ける地位や権利に変動をもたらすような法的な効果を伴わない懲戒」に分類されるが、いずれにせよこれら懲戒は、学校教育法第一一条にしたがって、児童生徒の教育上必要があると認められるとき、一定の教育目的を達成するために、教育的配慮の下におこなわれねばならない。

以上の通り、懲戒とは、法的効果を伴うものであるにせよ事実的行為であるにせよ、教育的配慮の下に児童生徒を叱責・処罰する行為であり、制裁としての性質を有する行為である。

〈体罰〉

他方、教育現場において例外なく禁止される体罰とはいかなる行為をさすのか。先の『生徒指導提要』において、以下の文言がある。

学校における児童生徒への体罰は、法律により禁止されています（学校教育法第一一条ただし書）。身体に対する侵害（殴る、蹴る等）、肉体的苦痛を与える懲戒（正座・直立等特定の姿勢を長時間保持させる等）である体罰を行ってはいけません。[5]

すなわち、体罰も懲戒としての性質を有する行為であるということである。ここでは、体罰が肉体的苦痛を与える懲戒であること、しかし懲戒であっても、肉体的苦痛を与える類の懲戒である体罰は禁止されることが確認される。

また、先の二〇一三（平成二五）年の文部科学省通知「体罰の禁止及び児童生徒理解に基づく指導の徹底について」においてもほぼ同様に、体罰は以下の通り規定される。

一　教員等が児童生徒に対して行った懲戒行為が体罰に当たるかどうかは、当該児童生徒の年齢、健康、心身の発達状況、当該行為が行われた場所的及び時間的環境、懲戒の態様等の諸条件を総合的に考え、個々の事案ごとに判断する必要がある。この際、単に、懲戒行為をした教員等や、懲戒行為を受けた児童生徒・保護者の主観のみにより判断するのではなく、諸条件を客観的に考慮して判断すべきである。

二（一）により、その懲戒の内容が身体的性質のもの、すなわち、身体に対する侵害を内容とするもの（殴る、蹴る等）、児童生徒に肉体的苦痛を与えるようなもの（正座・直立等特定の姿勢を長時間にわたって保持させる等）に当たると判断された場合は、体罰に該当する。(6)

すなわち、児童生徒に対する懲戒行為が体罰に該当するか否かは、あくまで「個々の事案ごとに判断する必要がある」と断ったうえで、体罰にあたる行為は、児童生徒に対する身体への侵害や肉体的苦痛を与える行為が該当するとされる。

むろん、当該行為が体罰に該当するか否かの判断は一律にはいかないが、「通常、体罰と判断されると考えられる行為」として、さしあたり以下の具体例があげられる。(7)

○　身体に対する侵害を内容とするもの

・体育の授業中、危険な行為をした児童の背中を足で踏みつける。

・帰りの会で足をぶらぶらさせて座り、前の席の児童に足を当てた児童を、突き飛ばして転倒させる。

・授業態度について指導したが反抗的な言動をした複数の生徒らの頬を平手打ちする。
・立ち歩きの多い生徒を叱ったが聞かず、席につかないため、頬をつねって席につかせる。
・生徒指導に応じず、下校しようとしている生徒の腕を引いたところ、生徒が腕を振り払ったため、当該生徒の頭を平手で叩（たた）く。
・給食の時間、ふざけていた生徒に対し、口頭で注意したが聞かなかったため、持っていたボールペンを投げつけ、生徒に当てる。
・部活動顧問の指示に従わず、ユニフォームの片づけが不十分であったため、当該生徒の頬を殴打する。

○被罰者に肉体的苦痛を与えるようなもの
・放課後に児童を教室に残留させ、児童がトイレに行きたいと訴えたが、一切、室外に出ることを許さない。
・別室指導のため、給食の時間を含めて生徒を長く別室に留め置き、一切室外に出ることを許さない。
・宿題を忘れた児童に対して、教室の後方で正座で授業を受けるよう言い、児童が苦痛を訴えたが、そのままの姿勢を保持させた。

以上を整理すれば、体罰とは、児童生徒に対する一定の懲戒としての性質を有する、身体への侵害や肉体的苦痛を与える行為であることがわかる。それは、児童生徒の危険行為、反抗的態度、悪ふざけ行為などに対する懲戒の性質を有する、平手で打つ、物を投げる、一切の外出を禁ずるなどの身体への侵害や肉体的苦痛を与える行為をさす。むろん、学校教育における体罰は、法の下において禁止される。

第三項　有形力の行使

以上で整理した通り、懲戒とは、法的効果を伴うものであるにせよ事実的行為であるにせよ、教育的配慮の下に児童生徒を叱責・処罰する行為であり、制裁としての性質を有する行為である。また、体罰とは、児童生徒に対する一定の懲戒としての性質を有する、身体への侵害や肉体的苦痛を与える行為である。むろん、学校教育における体罰は、法の下において厳に禁止される。

では、教育現場では、一切の有形力の行使が禁じられるのか。この有形力の行使の問題は、教育現場に鬱陶しい靄を生じさせる原因の一つであるように思われる。「一切の例外なく、児童生徒に手を上げることは許されないのか」という問いにまつわる不安は、教育現場をとまどわせるに十分足るものである。この点にかんがみ、また体罰なる行為の特徴をより明確にするために、以下では、体罰とその他有形力との区別を整理する。

体罰が、児童生徒に対する懲戒としての性質を有する行為であることは先に述べた。問題は、見かけ上は同様でありながら懲戒としての性質を欠く有形力の行使である。ここでは、とりわけ「正当防衛としての有形力の行使」について取り上げる。

まず、正当防衛としての有形力の行使についてである。

正当防衛としての有形力については、先の文部科学省通知「体罰の禁止及び児童生徒理解に基づく指導の徹底について」の別紙「学校教育法第一一条に規定する児童生徒の懲戒・体罰等に関する参考事例」において、「通常、正当防衛、正当行為と判断されると考えられる行為」として、以下の具体例があげられる(8)。

○児童生徒から教員等に対する暴力行為に対して、教員等が防衛のためにやむを得ずした有形力の行使

・児童が教員の指導に反抗して教員の足を蹴ったため、児童の背後に回り、体をきつく押さえる。

○他の児童生徒に被害を及ぼすような暴力行為に対して、これを制止したり、目前の危険を回避するためにやむを得ずした有形力の行使

・休み時間に廊下で、他の児童を押さえつけて殴るという行為に及んだ児童がいたため、この児童の両肩をつかんで引き離す。

・全校集会中に、大声を出して集会を妨げる行為があった生徒を冷静にさせ、別の場所で指導するため、別の場所に移るよう指導したが、なおも大声を出し続けて抵抗したため、生徒の腕を手で引っ張って移動させる。

・他の生徒をからかっていた生徒を指導しようとしたところ、当該生徒が教員に暴言を吐きつばを吐いて逃げ出そうとしたため、生徒が落ち着くまでの数分間、肩を両手でつかんで壁へ押しつけ、制止させる。

・試合中に相手チームの選手とトラブルになり、殴りかかろうとする生徒を、押さえつけて制止させる。

すなわち、ここに記される有形力の行使は、児童生徒の暴力行為などから教員自身を、あるいは、他の児童生徒を防衛し危険を回避する行為であり、「急迫不正の侵害に対し、自己または他人の権利を防衛するためにやむをえずなされる加害行為」であるところの正当防衛にあたる行為である。もしそののちに当該の児童生徒に対して懲戒がおこなわれるとしても、この防衛たる行為自体には懲戒の性質が欠けている。すなわち、この種の行為は、禁止される体罰とは一線を画する行為であり、上の文言においても「正当な行為」とされる。

むろん、この防衛行為がその必要性と相当性から逸脱していないか十分に配慮する必要はある。しかしながら、当該の行為における懲戒の性質の有無から、体罰と正当防衛としての有形力の行使が明確に区別される点は明らかである。

また、あらためて断るまでもないが、教員が教育上必要とされる正当な根拠もなく児童生徒に暴力を用いて危害を加える行為、すなわち暴行の類も懲戒の性質を欠くゆえ、体罰とは区別されてよい。そもそも、この種の行為が許されざる行為であることは明らかである。

さて以上では、体罰なる行為とは何かについて吟味をおこなった。教育現場において日ごと繰り返され、新聞などで取り沙汰され、私たちが批判を投じ、またときには擁護しようとしている体罰とは、そもそもいかなる行為をさすのか。

これを整理すれば、以下の通りである。体罰とは、(1)児童生徒に対する一定の懲戒としての性質を有する、(2)身体への侵害や肉体的苦痛を与える行為であり、なおかつ、(3)体罰の善悪をめぐる価値判断はいったん括弧に入れるとしても、学校教育においては、法の下において例外なく禁止される行為である。それは、教育上必要があると考えられる場合であっても、例外ではない。

第三節　体罰をめぐる観点

体罰とは、(1)児童生徒に対する一定の懲戒としての性質を有する、(2)身体への侵害や肉体的苦痛を与える行為であり、なおかつ、(3)学校教育においては、法の下において例外なく禁止される行為である。それは、教育上必要があると考えられる場合であっても、例外ではない。

ただし、とりわけ(3)の体罰の違法性について教育現場に周知されたとしても、ただそれをもって体罰が鎮静化ないし根絶されるとは考えがたい。[9] 事実、体罰は学校教育の一角において「暗黙の了解」や「必要悪」として存続し続けている。以下は、二〇一二(平成二四)年度の、学校教育における体罰の発生状況である。[10] 学校教育において、年間六七〇〇件を超える体罰が下されている。むろんこの件数は、都道府県教育委員会などが把握しているとされる件数のみである。年間の総授業日数を約二〇〇日として考えると、一日あたり三三件超の体罰発生件数が報告された計算である。これほど多くの体罰が、教育現場において日ごと繰り返されている。体罰は一向におさまる気配がない。

区分	①発生学校数	②発生件数
小学校	1,181	1,559
中学校	1,729	2,805
高等学校	1,190	2,272
中等教育学校	4	11
特別支援学校	38	47
高等専門学校	10	27
合計	4,152	6,721

文部科学省、「体罰に係る実態把握（第二次報告）の結果について」、2013年

ここで問題となるのは、体罰の動因である。私たちは、体罰をはたしていかなる観点から肯定し容認しているのか。あるいは、こうして肯定され、行使され続ける体罰に対して、私たちはいかなる観点から批判を投じているのか。本節では、この問いについて吟味すべく、学校教育における体罰をめぐる観点を整理する。以下の項では、さしあたり体罰肯定論と体罰否定論に類別し、体罰をめぐる観点の特徴を明らかにする。

第一項　体罰肯定論

体罰をめぐる観点は、結局のところ、きわめて多様かつ流動的であると考えられるゆえ、体罰肯定論と体罰否定論とを峻別するのは難しい。とはいえ、両者の際立つ特徴について整理することはできよう。以下ではまず、体罰肯定論について整理する。

体罰に対するヒステリックな批判が投じられるさなかでも、いやそのさなかだからこそ、学校教育における、あるいは学校教育に対する体罰肯定論は根強い。この体罰肯定論を支える個別の観点は多岐にわたるが、その主たるものをあげれば、以下の通りである。

〈精神の鍛練としての体罰〉

体罰肯定論を支える観点として、まず「精神の鍛練としての体罰」の観点があげられる。この精神の鍛練としての体罰について、例えば、部活動などにおける追い込み練習、いわゆる「しごき」の場面を念頭に置きつつ、以下のように述べられる。

暴力をふるうケースを体罰とするのは理解できても、筋力強化のためのランニングは体罰になるのか、あるいはならないのか。野球部における千本ノックは体罰なのか。
私の経験からいえば、すべてがダメとはいえない。たしかに暴力で技術力のスキルアップはありえないが、そういったものがないと向上心が身につかないのも事実だ。(11)

いわゆる暴行として体罰を下すのはまずいが、暴行未満のなんらかの実力行使についてはそのすべてを否定することは誤りであるということである。すなわち、身体に対する侵害を与えるのはまずいが、肉体的苦痛を与える行為は場合によれば容認されるべきだということである。というのも、「暴力で技術力のスキルアップはありえないが、そういったものがないと向上心が身につかないのも事実」と述べられる通り、身体に対する侵害を内容とする暴力は、スキルアップに結実しないゆえ不要な行為だが、児童生徒に肉体的苦痛を与える類の行為は、それがなければ向上心が鍛錬されないゆえ必要だとされるのである。

ところで、このような「精神の鍛練としての体罰」に対する肯定的な考えは、必ずしも指導する側のみが抱くものではない。例えば、大学の運動部員を対象とした体罰についてのアンケートでは、「体罰の影響」として六〇パーセントの者が、体罰を受けたことにより「気持ちが引き締まった」と回答している。[12]この点からも、精神の鍛練としての体罰に対する肯定的な考えは、指導する側のみでなく指導を受ける側においても、少なからず抱かれていることがわかる。

こうして精神の鍛練としての体罰という観点は、体罰肯定論を支える観点の一つとしてとらえられることがわかる。

〈信頼関係の醸成としての体罰〉

体罰肯定論を支える観点として、次に「信頼関係の醸成としての体罰」の観点があげられる。この観点には、体罰による信頼関係の醸成と、醸成された信頼関係の象徴としての体罰という二重の意味が、分かちがたく結びついている。

先の大学の運動部員を対象とした体罰についての調査からも、信頼関係の醸成としての体罰のありようを読み取ることができる。先の調査では、「体罰の影響」として、六〇パーセントの者が「気持ちが引き締まった」と回答し、次いで四六パーセントの者が「指導者が自分のことを考えていると感じた」と回答している。つまり、体罰を受けた半数近くの者が、体罰を受けたことによって、指導者との間の信頼関係の醸成を実感したということである。[13]また同調査では、「指導者と選手の信頼関係があれば体罰はあっていいか」との質問に、六二パーセントの者が「そう思う」「どちらかといえばそう思う」と肯定的な回答をしたのに対して、「そう思わない」「どちらかといえばそう思わない」と否定的な回答をした者は、三三パーセントほどにとどまった[14]。この結果からも、体罰肯定論を支える観点として、信頼関係の醸成としての体罰という観点があることがわかる。

ところで、この信頼関係の醸成としての体罰という観点は、指導者と被指導者との関係においてだけでなく、その保護者との関係においても共有されるものである。例えば、以下のような記述がある。

多くの保護者は、自分の子どもや子どもが所属する運動部が大会などで優勝し、わが子の進路が有利になることを望んでいる。いい成績を残して、スポーツ推薦で進学すること、あるいは内申書がよくなることを保護者は願っている。もちろん本人もそう希望している。だから体罰を用いてでも子どもを強くしてくれた、勝たせてくれた、子どもに有利な結果を出してくれた教員は「いい先生」になるのだ[15]。

むろん、この記述は児童生徒の保護者自身によるものではないにせよ、実情の一端をあらわすものであることは想像にかたくない。それはある種の精神的な信頼関係というよりも、わが子の進路をめぐる物理的な実利を伴う信頼関係であるといえようが、しかしながら、ここにおける体罰容認のありかたは、わが子への贔屓に対する教員への信頼あらわれであることにかわりはない。

こうして信頼関係の醸成としての体罰という観点は、体罰肯定論を支える観点の一つとしてとらえられることがわかる。

〈しつけとしての体罰〉

学校教育における、あるいは学校教育に対する体罰肯定論を支える観点として、さらに「しつけとしての体罰」の観点があげられる。このしつけとしての体罰という観点はおそらく、私たちにとってわりとなじみのあるものだろう。

例えば、「生徒指導主事の体罰意識に関する調査」における以下の回答には、しつけとしての体罰の観点が看取される。以下の記述は、「体罰は法律で禁止されているにもかかわらず、なぜ体罰がなくならないと思いますか」という質問に対する自由回答である。アンケートの調査対象は、高等学校の生徒指導主事である。[16]

・あまりにも自由になり過ぎ、自分だけよければよいという自己中心的になってきている。そこには集団生活での連帯意識、協力性、他人へのいたわり等薄らいできている。

・家庭でのしつけができていない。また少子化等の影響か、厳しく指導されずに成長してきた。その結果、自己中心的で規範意識に乏しく、反抗的で素直でない子供が増え、限度を知らず、凶悪犯罪も増加している。

・学校は勉強する所、教えてもらう所という意識が本人及び保護者に非常に欠落している。また家庭のしつけもさっぱりなされていない。

・指導の段階での生徒の対応の悪さ（ふてくされ、反抗、無視）が原因である。それらは皆、家庭教育の低下が重要な部分が多い。

これらの回答には、しつけとしての体罰の観点が端的にあらわれている。すなわち、子供や家庭が「あまりにも自由になり過ぎ、自分だけよければよいという自己中心的になってきている」、「家庭のしつけもさっぱりなされていない」という記述、あるいは「家庭教育の低下」という記述に看取される通り、本来は家庭でなされるべきしつけが適切になされておらず、いまやその種のしつけを学校教育が補完せざるをえないこと、したがって、教育現場に「親代わりの体罰」といってよい体罰が求められざるをえないということである。だからこそ、学校教育から体罰がなくならないというわけである。

この親代わりの体罰は、ときに「愛の鞭」と呼ばれることもある。このようなしつけとしての体罰、親代わりの体罰、ないし愛の鞭としての体罰に対する肯定論は、学校教育において、あるいは学校教育に対して実は根強い。愛の鞭としての体罰肯定論については、例えば、一九七〇年代に文部省の初等中等教育局が編纂した『教務関係執務ハンドブック』において、以下のような記述がある。

ただし、身体に侵害を加える行為がすべて体罰として禁止されるわけではない。傷害を与えない程度に軽く叩くような行為は、父兄が子供に対して懲戒として通常用いる方法であり、校長および教員が単なる怒りに任せたものではない教育的配慮にもとづくものである限り、軽く叩くなどの軽微な身体に対する侵害を加えることも事実上の懲戒として許される。つまり時には、叩くことが最も効果的な教育方法である場合もあり、いわゆる「愛の鞭」として許される程度の軽微な身体への行為ならば行っても差し支えない(17)。

ここでは、「軽く叩くような行為は、父兄が子供に対して懲戒として通常用いる方法」であるから、「いわゆる『愛の鞭』として許される程度の軽微な身体への行為ならば行っても差し支えない」とされている。すなわち、通常、家庭でしつけとしておこなわれる程度の体罰ならば、教育的配慮があれば、学校教育においても事実上の懲戒として許される、つまり、学校教育において親代わりの体罰は禁止されないということである。上の「時には、叩くことが最も効果的な教育方法である場合もあり」という記述は、家庭でのしつけの慣習を象徴するものであろう。

こうしてしつけとしての体罰という観点は、体罰肯定論を支える観点の一つとしてとらえられることがわかる。

さて、以上において体罰肯定論を支える個別の観点として、精神の鍛練としての体罰、信頼関係の醸成としての体罰、およびしつけとしての体罰について整理した。

ところで、あらためてこれらの観点を俯瞰すると、そこにはある共通の観点が含まれることがわかる。すなわち，体罰の「教育的メリット」の観点である。体罰の教育的メリットの観点とは、「体罰には教育上、一定の利点がある」ゆえに、「体罰は教育に役立つ」とする観点である。先の体罰肯定論を支える個別の観点をふり返れば、精神の鍛練としての体罰では、児童生徒に肉体的苦痛を与える類の行為は、向上心の鍛練という点で一定の教育的なメリットがあるからこそ必要だとされる。反対に、身体に対する侵害を内容とする暴力は、スキルアップに結実せず教育的なメリットがないゆえ不要だとされる。また、信頼関係の醸成としての体罰では、信頼関係を醸成し、また醸成された信頼関係を確認するための手段として、体罰には一定の教育的なメリットがあるとされる。さらに、しつけとしての体罰においても同様に、体罰はいまや学校で補完せざるをえない児童生徒のしつけをおこなううえで一定の教育的なメリットがあるとされる。とりわけ、先の『教務関係執務ハンドブック』における、「時には、叩くことが最も効果的な教育方法である場合もあり」という記述からもわかる通り、体罰が一定の教育的効果を有する方法であるという点でメリットがあるとされる。

以上の通り、体罰にはさまざまな教育的メリットがあると考えられるゆえ、学校教育において、あるいは学校教育に対して、体罰による教育が根強く求められることがわかる。

第二項　体罰否定論

教育現場における体罰があらためて大きな社会的関心を集めるさなか、体罰否定論はその勢いを盛んにしている。むろん、そこには体罰に対する過度にヒステリックな批判も含まれるが、他方で、きわめて理性的な批判も少なくない。

この体罰否定論を支える個別の観点は、体罰肯定論の場合と同様に多岐にわたるが、その主たるものをあげれば、以下の通りである。

〈体罰の違法性〉

体罰否定論を支える観点として、まず「体罰の違法性」の観点があげられる。この観点については、あるいはもはや触れるまでもないかもしれない。すなわち、体罰は違法行為であるから、論ずるまでもなく容認されない行為である、というものである。
体罰の違法性については、前節で整理したところである。すなわち、学校教育における体罰は、体罰の善悪をめぐる価値判断はいったん括弧に入れるとしても、学校教育法第一一条の規定に基づき、法の下において禁止される。それは、教育上必要があると考えられる場合であっても例外ではない。この点は、体罰否定論を支える一つの根拠となる。体罰否定論を支えるこの体罰の違法性の観点については、例えば以下のように述べられる。

学校教育法（昭和二十二年法律第二六号）第一一条は、「校長及び教員は、教育上必要があると認めるときは、文部科学大臣の定めるところにより、児童、生徒及び学生に懲戒を加えることができる。ただし、体罰を加えることはできない」と定めており、懲戒をする場合でも体罰を禁じている。戦前においても、やはり体罰は禁じられており、一八七九（明治十二）年の教育令においても第四十六条に「凡《およそ》学校ニ於テハ生徒ニ体罰殴《う》チ或ハ縛スルノ類ヲ加フヘカラス」という規定があった。つまりは、明治以来学校において体罰は違法とされているのである。だとすれば、体罰がいけないなどと論じるまでもないことなのである。(18)

引用の最後の部分にも「だとすれば、体罰がいけないなどと論じるまでもない」と明記される通り、法の下において禁止されるという事実が、体罰否定論の明白な根拠とされることがわかる。
また、体罰否定論を支える体罰の違法性の観点をめぐっては、児童虐待防止法にも触れられる。

児童虐待防止法（平成十二年五月二十四日法律第八二号）第一条には、「児童虐待が児童の人権を著しく侵害し、その心身の成長及び人格の形成に重大な影響を与えるとともに、我が国における将来の世代の育成にも懸念を及ぼす」とされている。この法律における児童虐待は保護者の行為のみを対象としているが、教職員の体罰も同様に子どもの人権を著しく侵害する行為である。[19]すなわち、児童に対する虐待行為に該当する体罰は、児童虐待防止法に反するゆえにしてはならない、ということである。つまり、ここにおいても上の学校教育法についての記述と同様に、法の下において禁止されるという事実が、体罰否定論の明白な根拠とされることがわかる。

こうして体罰の違法性の観点は、体罰否定論を支える観点の一つとしてとらえられることがわかる。

〈過剰指導としての体罰〉

体罰否定論を支える観点として、次に「過剰指導としての体罰」の観点があげられる。これは文字通り、体罰による指導の過剰性を体罰否定の根拠とするものである。

この過剰指導としての体罰については、とりわけ体罰による「指導死」の問題が注目されよう。指導死とは、「生徒指導をきっかけ、あるいは原因とした子どもの自殺」をさす語である。[20]この語は、過剰指導により自殺に追いやられたとされる児童生徒の親らを中心に組織された「『指導死』親の会」によりつくられた、比較的新たな語である。[21]

この過剰指導をきっかけとした児童生徒の自殺、すなわち指導死の定義は、以下の四点にまとめられる。

一　一般に「指導」と考えられている教員の行為により、子どもが精神的あるいは肉体的に追い込まれ、自殺すること。

二　指導方法として妥当性を欠くものと思われるものでも、学校で一般的に行われる行為であれば「指導」と捉える（些細な行為による停学、連帯責任、長時間の事情聴取・事実確認など）。

三　自殺の原因が「指導そのもの」や「指導をきっかけとした」と想定できるもの（指導から自殺までの時間が短い場合や、他の要因を見出すことがきわめて困難なもの）。

四　暴力を用いた「指導」が日本では少なくない。本来「暴行・傷害」と考えるべきだが、これによる自殺を広義の「指導死」と捉える場合もある。[22]

体罰により直接的に生命の危険にさらされる例はもちろんのこと、「子どもが精神的あるいは肉体的に追い込まれ、自殺すること」や「これ（暴力を用いた指導）による自殺を広義の『指導死』と捉える場合もある」という記述からもわかる通り、指導死は、指導上なされた体罰により精神的な苦痛を受けた児童生徒が、自らその命を絶つ事例も視野に入れている。

この指導死の一例として、二〇〇二年三月、群馬県の東京農業大学第二高等学校で起こったラグビー部員自殺の事例があげられる。この一件は、最終的に保護者側と学校側との和解により解決されたが、当該生徒の保護者は、わが子を自殺へと追いやった背景を同級生や養護教諭の陳述書などをもとに、以下のようにまとめる[23]。

・ラグビー部での常軌を逸した厳しい練習に強いストレスを感じた。
・その結果たびたび過呼吸を起こしていた。
・過呼吸発作後にも練習を強要された。
・「ハメ」と呼ばれる集中的なしごき・暴力・暴言を受けた。
・ラグビー部を辞めようとしたが、辞めることができなかった。
・合宿への参加を強要する連絡を受けた。

すなわち、体罰を含むこれらの過剰指導が当該生徒を自殺へと追いやったとされる。

この二〇〇二年のラグビー部生徒自殺の事例においても、また先の指導死の定義においても、体罰やそれに準ずる指導には教育的メリットがないばかりか、生徒を過度に苦しめ死へと追いやるという意味において、教育上、逆効果ですらあるという点が示唆される。それらはおしなべて、体罰は教育に役立たないとする体罰の教育的デメリットの観点から、学校教育における体罰を否定するものである。二〇一二年の暮れ、大阪市立桜宮高校のバスケットボール部にて起こった体罰自殺事件もまた、この過剰指導ないしは指導死の問題を、広く世間に知らしめるきっかけを与えた事件であるといえる。

こうして過剰指導としての体罰という観点は、体罰否定論を支える観点の一つとしてとらえられることがわかる。

〈暴力の温床としての体罰〉

体罰否定論を支える観点として、さらに「暴力の温床としての体罰」の観点があげられる。この観点は、前節であげた文部科学省通知にも底流する観点である。

二〇一三(平成二五)年三月の文部科学省通知「体罰の禁止及び児童生徒理解に基づく指導の徹底について」においては、先の通り「体罰は、学校教育法第一一条において禁止されており、校長及び教員(以下「教員等」という。)は、児童生徒への指導に当たり、いかなる場合も体罰を行ってはならない」と、学校教育における体罰の禁止を再確認する。そしてそれに続き、「体罰は、違法行為であるのみならず、児童生徒の心身に深刻な悪影響を与え、教員等及び学校への信頼を失墜させる行為である」と述べ、体罰が及ぼす児童生徒への悪影響を指摘する。その悪影響とは、以下のようなものであるという。

体罰により正常な倫理観を養うことはできず、むしろ児童生徒に力による解決への志向を助長させ、いじめや暴力行為などの連鎖を生む恐れがある。(24)

すなわち、教員からの体罰によって暴力が肯定ないし助長され、ひいては暴力の温床となる恐れがあるということである。それゆえに、学校教育における体罰は厳に禁止されることになる。ちなみに、上の文部科学省通知では、体罰によらない指導として、「児童生徒一人一人をよく理解し、適切な信頼関係を築くことが重要であり、このために日頃から自らの指導のあり方を見直し、指導力の向上に取り組むことが必要である。懲戒が必要と認める状況においても、決して体罰によることなく、児童生徒の規範意識や社会性の育成を図るよう、適切に懲戒を行い、粘り強く指導することが必要である[25]」点を指示する。

さて、体罰否定論を支える暴力の温床としての体罰の観点については、先の通知の他にも、次のように述べられる。

教職員が言葉による納得の働きかけを放棄し、体罰という暴力によって児童生徒に言うことを聞かせることが常態化してしまえば、その影響は体罰を受けた生徒のみにとどまらない。学級担任であれば学級全体に、部活顧問であれば部全体に「暴力容認」の空気が蔓延し、「先生がやっているのだから」と生徒間の人間関係にも暴力による力関係を生じさせてしまう。これはいじめや、部活動での先輩から後輩への暴力による指導（支配）の温床になってしまう[26]。

すなわち、体罰は、それを直接に受けた児童生徒のみならず、その周囲を取り巻く児童生徒の人間関係にも影響を及ぼし、ひいてはいじめや暴力行為などの温床となるということである。

これらがともに述べるのは、体罰による指導は、児童生徒の心身を育むどころか暴力を冗長しその温床となりうるという点において、教育的になんら役立たないということである。すなわち、暴力の温床になるという意味において、体罰は教育的デメリットをもたらすということである。

こうして暴力の温床としての体罰という観点は、体罰否定論を支える観点の一つとしてとらえられることがわかる。

〈信頼関係の損失としての体罰〉

体罰否定論を支える観点として、最後に「信頼関係の損失としての体罰」の観点があげられる。それは、体罰による学校・児童生徒・保護者間の信頼関係の損失を体罰否定の根拠とする観点である。

この信頼関係の損失としての体罰について、「体罰は学校教育と保護者との信頼関係を損なう」として次のように述べられる。

> 言うまでもなく、教育は教職員に対する子ども、保護者の信頼関係を基盤として行われる。しかし、体罰はこの信頼関係を破壊してしまい、修復可能な亀裂を生じさせてしまいかねない。(27)

すなわち、体罰は、教育の基盤たる学校・児童生徒・保護者間の信頼関係を損なうものであるということである。体罰を受けた児童生徒が、それを下した教員に不信の念を抱く場合があることは想像にかたくないが、さらに「保護者としてはわが子も体罰を受けたのではないかと疑心暗鬼に陥ってしまう(28)」ことも、あるいはあるだろう。

また他方で、心理的影響という点からも、この信頼関係の損失としての体罰について述べられる。例えば、「体罰は、それを見ているほかの子どもに深い心理的ダメージを与える」として、次のように述べられる。

> 体罰を受けている子どもの恐怖は、それを見ている子どもにも伝染します。クラブのコーチから

親友がなぐられているのに、何もできない自分への無力感と自責感に襲われます。何もできない自分への無力感と自責感に襲われます。さらに、体罰を受けずにすんでいる自分への罪悪感にさいなまれます。こうした心理的ダメージを、体罰を受けている子どものみならず、まわりの子どもにも与える方法が、教育的配慮や指導と呼べるでしょうか[29]。

すなわち、体罰による心理的なダメージは、体罰を受けている児童生徒に直接的に与えられるだけでなく、その周囲を取り巻く児童生徒にも間接的に与えられるということである。この心理的ダメージの伝染についても、伝染がまさしく「物事の状態や傾向が他に移って同じような状態が起こる」ゆえ、体罰が児童生徒間の信頼関係の損失を招きうることは想像にかたくない。

こうして信頼関係の損失としての体罰という観点は、体罰否定論を支える観点の一つとしてとらえられることがわかる。

さて、以上において体罰否定論を支える個別の観点として、体罰の違法性、過剰指導としての体罰、暴力の温床としての体罰、および信頼関係の損失としての体罰について整理した。

ところで、あらためて以上を俯瞰すると、これらの観点のいくつかには、ある共通の観点が含まれることがわかる。すなわち，体罰の「教育的デメリット」の観点である。体罰の教育的デメリットの観点とは、「体罰には教育上、多大な欠点がある」ゆえに、「体罰は教育に役立たない」とする観点である。先の体罰否定論を支える個別の観点をふり返れば、過剰指導としての体罰では、児童生徒に精神的・肉体的苦痛を与える類の行為は、向上心の鍛練どころか、生徒を過度に苦しめ、彼（女）を死へと追いやるという点で教育的にみてデメリットをもたらすからこそ不要だとされる。また、暴力の温床としての体罰では、体罰により児童生徒の心身を育むどころか、暴力を冗長しその温床となりうるという点において、体罰は教育的にデメリットがあるとされる。さらに、信頼関係の損失としての体罰においても同様に、教員による体罰は、保護者や周囲の児童生徒に対して不信感を与え、学校・児童生徒・保護者間の信頼関係の損失を招くという点において教育的なデメリットがあるとされる。

以上の通り、体罰にはさまざまな教育的デメリットがあると考えられるゆえ、学校教育において、あるいは学校教育に対して、体罰による教育が否定されることがわかる。

第三項　体罰肯定論と体罰否定論の親和性

私たちは、体罰をいかなる観点から肯定し容認しているのか。あるいは、こうして肯定され、行使され続ける体罰に対して、私たちはいかなる観点から批判を投じているのか。体罰の動因をめぐるこれらの問いについて吟味すべく、以上では、学校教育における体罰の観点について整理した。これをまとめれば、以下の通りである。

まず、学校教育における、あるいは学校教育に対する体罰をめぐる観点を、体罰肯定論と体罰否定論に類別した。体罰肯定論については、それを支える主たる個別の観点として、精神の鍛錬としての体罰、信頼関係の醸成としての体罰、およびしつけとしての体罰の観点があげられ、さらにこれら個別の観点に通底する観点として、体罰の教育的メリットの観点があげられた。他方、体罰否定論については、それを支える個別の観点として、体罰の違法性、過剰指導としての体罰、暴力の温床としての体罰、および信頼関係の損失としての体罰の観点があげられ、さらに、これら過剰指導としての体罰、暴力の温床としての体罰、および信頼関係の損失としての体罰の個別の観点に通底する観点として、体罰の教育的デメリットの観点があげられた。以上を略図化すれば、以下の通りである。

体罰肯定論

（A）体罰の教育的メリットの観点
（A1）精神の鍛練としての体罰
（A2）信頼関係の醸成としての体罰
（A3）しつけとしての体罰

体罰否定論

（B）体罰の違法性の観点
（C）体罰の教育的デメリットの観点
（C1）過剰指導としての体罰
（C2）暴力の温床としての体罰
（C3）信頼関係の損失としての体罰

さて、こうして以上の体罰肯定論と体罰否定論を支える主な観点が整理された。ところで、この体罰肯定論と体罰否定論はいかなる点で対立し、争うものであるか。さらにいえば、この争点を争点たらしめる、両者が暗黙裡に共有する前提とはなにか。それは、私たちが学校教育における体罰のありようを暗黙のうちにいかなるものとして表象し、意味づけをおこなっているかという問いと同様である。

〈体罰肯定論と体罰否定論の争点〉

はじめに、以上の体罰肯定論と体罰否定論の争点から吟味する。

まず（B）の体罰の違法性についてであるが、この観点はおそらく体罰肯定論と体罰否定論の争点にはならない。体罰否定論においてはすでに述べた通り、体罰は学校教育法第一一条の体罰禁止規定に抵触するゆえ、否定される。他方、体罰肯定論においても、現時点での体罰の違法性は了解されている。例えば、「体罰が教育に必要不可欠な要素であることの認識に立って、我が国を席巻している合理主義教育を排除する」ことを目的に発起された「体罰の会」なる団体においてさえ、その会則の第三条に「学校教育法第一一条但書を廃止させ、児童虐待の防止等に関する法律第二条の児童虐待の定義から体罰を除外する旨を明記させるなどの法改正を実現させること」[30]と記すように、現時点における体罰の違法性はひとまず了解されている。すなわち、当然ながら自らの体罰肯定論を法的に根拠づけてはいない。また、体罰をめぐる「暗黙の了解」や「必要悪」という言葉も、さしあたりではあれ、体罰の違法性が了解されていることの証左であるといえる。したがって、体罰肯定論と体罰否定論の両者ともにおいて体罰の違法性は了解されるため、体罰の違法性は争点とはならない。

そうであれば、おのずと（A）体罰の教育的メリットの観点と（C）体罰の教育的デメリットの観点が、体罰肯定論と体罰否定論の争点となろう。すでに述べた通り、体罰肯定論はその体罰肯定の根拠を体罰の教育的メリットに求め、他方、体罰否定論はその体罰否定の根拠を体罰の教育的デメリットに求める。体罰肯定論は、（A1）精神的鍛練の観点から、（A2）信頼関係の醸成の観点から、あるいは、（A3）しつけの観点から体罰には教育的メリットがあるとし、他方、体罰否定論は、（C1）過剰指導の観点から、（C2）暴力性の観点から、あるいは、（C3）信頼関係の損失の観点から体罰には教育的デメリットがあるとする。

すなわち、体罰肯定論と体罰否定論の争点は、体罰の教育的メリットと教育的デメリットの相克、つまり、体罰には教育的メリットがあるのか否か、あるいは体罰は教育に役立つのか否かをめぐる点にある。

〈体罰肯定論と体罰否定論の前提としての教育的効果の観点〉

以上の通り、この体罰肯定論と体罰否定論の争点が体罰の教育的メリットと教育的デメリットの相克にあるならば、両者がともに暗黙の前提とする観点は、いわば体罰をめぐる「教育的効果」の観点であるといってよい。教育的効果とは文字通り、「教育的な働きかけによって現れる望ましい結果や成果」をさすが、この体罰をめぐる教育的効果の観点とはまさしく、体罰の是非をこの教育的効果の有無から問う観点である。むろん、体罰肯定論と体罰否定論ではこの体罰の教育的効果のほどについては評価を異にするが、しかしながら、教育的効果の観点から学校教育における体罰を表象し、意味づけ、評価をおこなうという点においては、両者は親和的であるとさえいえる。例えば、先の文部科学省通知「体罰の禁止及び児童生徒理解に基づく指導の徹底について」における文言も、以上の体罰をめぐる教育的効果の観点から述べられるものである。すなわち、「体罰により正常な倫理観を養うことはできず、むしろ児童生徒に力による解決への志向を助長させ、いじめや暴力行為などの連鎖を生む恐れがある」ため体罰による教育的効果は期待できない、したがって、体罰はしてはならないということである。

体罰をめぐる教育的効果の観点とは、体罰の是非を教育的効果の有無から問う観点であるが、この教育的効果の観点は、体罰肯定論と体罰否定論とを問わず、学校教育における体罰について広く共有される観点であることがわかる。

さて以上では、体罰をめぐる観点について吟味をおこなった。ここではさしあたり、体罰肯定論と体罰否定論に類別し、体罰をめぐる観点の特徴を吟味した。先に述べた通り、体罰をめぐる観点は、結局のところ、きわめて多様かつ流動的であると考えられるゆえ、体罰肯定論と体罰否定論とを峻別するのは難しい。とはいえ、両者の際立つ特徴については整理できた。

これを整理すれば、以下の通りである。まず、以上の体罰肯定論と体罰否定論の争点についてである。この体罰肯定論と体罰否定論の争点は、体罰の教育的メリットと教育的デメリットの相克、つまり、体罰には教育的メリットがあるのか否か、あるいは体罰は教育に役立つのか否かをめぐる点にある。むしろん、体罰肯定論は体罰肯定の根拠を体罰の教育的メリットに求め、体罰否定論は体罰否定の根拠を体罰の教育的デメリットに求める。次に、体罰肯定論と体罰否定論の前提についてである。この体罰肯定論と体罰否定論の争点が体罰の教育的メリットと教育的デメリットの相克にあるならば、両者がともに前提とする観点は、いわば体罰をめぐる教育的効果の観点である。この体罰をめぐる教育的効果の観点とは、体罰の是非を教育的効果の有無から問う観点である。以上の体罰肯定論と体罰否定論は、体罰の教育的効果のほどについては評価を異にするものの、教育的効果の観点から学校教育における体罰を表象し、意味づけ、評価をおこなうという点においては、実に親和的である。

第四節　体罰をめぐる教育的効果の観点から近代公教育の原理の観点へ

以上の体罰肯定論と体罰否定論の争点が体罰の教育的メリットと教育的デメリットの相克にあるとき、両者がともに依拠する観点は、いわば体罰をめぐる教育的効果の観点である。体罰をめぐる教育的効果の観点とは、繰り返せば、「教育的な働きかけによって現れる望ましい結果や成果」の観点から学校教育における体罰を表象し、意味づけ、評価をおこなう観点である。

さて、以上の体罰肯定論と体罰否定論がともに暗黙の前提とする体罰の教育的効果の観点であるが、体罰の教育的効果の観点それ自体には、いかなる問題がひそむのか。これは「体罰には教育的メリットがあるか、あるいはデメリットがあるか」という、体罰肯定論と体罰指定論の争点をめぐる私たちの問いの前提それ自体を問う試みである。それはまた、教育現場を取り巻く体罰にまつわる心の靄、すなわち体罰にまつわるある種の「やり切れなさ」や「とまどい」が生ずる原因をさぐる試みでもある。

第一項　体罰の教育的効果と状況依存性

体罰には教育的メリットがあるか、あるいはデメリットがあるか。

実のところ、私たちは体罰の教育的効果をめぐるこの問いに、端的に答えることはできない。というのも、この体罰の教育的効果をめぐる問い自体に、ある一つの問題が含まれるからである。

「体罰には教育的メリットがあるか、あるいはデメリットがあるか」という問いに対して、結論からいえば、教育的メリットがあるとも答えることができるし、デメリットがあるとも答えることができる。平たくいえば、体罰の教育的効果のほどについては、場合による（case by case）としか答えようがない。すなわち、体罰の教育的効果は状況依存性がきわめて高い。なぜなら、体罰の教育的効果をめぐる評価は、当の体罰をめぐる状況に大きく依存しているからである。例えば、先の文部科学省通知「体罰の禁止及び児童生徒理解に基づく指導の徹底について」には、「体罰により正常な倫理観を養うことはできず、むしろ児童生徒に力による解決への志向を助長させ、いじめや暴力行為などの連鎖を生む恐れがある」とある。この文言の通り、状況によってはたしかに、体罰が児童生徒の力への志向を助長させ、ひいてはいじめや暴力行為へと発展することはあるだろう。しかしながら他方で、児童生徒が「叩かれる痛みを知らないからこそ、平気で暴力をふるうようになる」ということも、状況によっては起こらないとはいえない。あるいは、「痛みがわかるからこそ、他に優しくできる子に育つ」という、いわば反面教師的な結果についても同様である。また別の例では、体罰による信頼関係をめぐる問題について、以下のようにいえる。すなわち、先の節で吟味した大学の運動部員を対象とした体罰についてのアンケートでは、体罰の影響として「指導者が自分のことを考えていると感じた」と半数の学生が回答しているように、状況によっては、体罰によって指導者と被指導者との間の信頼関係がいっそう醸成されることもあるだろう。しかしながら他方で、これも先の節で吟味した通り、「体罰を受けている子どもの恐怖は、それを見ている子どもにも伝染し……親友がなぐられているのに、何もできない自分への無力感と自責感に襲われ」た結果として、場合によれば信頼関係が損失されるということもあるだろう。これらいずれの例においても、あるいはそれ以外の例をあげたとしても、体罰の教育的効果のほどについては、かなりの程度において状況に依存しているのである。そして、私たちを取り巻く体罰をめぐる状況は、それが行使される組織の性質、その組織の構成員のありかた、あるいは時機などきわめて多様かつ流動的であるゆえ、体罰の教育的効果もまたきわめて多様かつ流動的にならざるをえない。体罰が功を奏す場合もあれば、体罰が悪い結果をもたらす場合もある。

さて、このようにして考えると、教育的効果の観点から学校教育における体罰を表象し、意味づけ、評価し、あるいはその是非を問うことは不毛である。また、現状を混乱させ解決を遅滞させるという意味においては不適切でさえある。なぜなら、すでに述べた通り、教育的効果の観点から体罰の是非を問うたとしても、あるいは教育に役立つか否かを問うたとしても、そのほどは場合によるとしか答えようがないからである。すなわち、体罰の教育的効果はきわめて状況依存性が高いということである。

この教育的効果の観点から学校教育における体罰の是非を問うたとしても、結局のところ、場合によるとしか答えようのない、漠然とした雲をつかむような答えしか見出すことはできない。ここに、教育現場を取り巻く心の靄が生ずる禍因がある。

第二項　近代公教育の原理の観点へ

以上の通り、教育的効果の観点から表象され意味づけられる体罰は、その是非の根拠がきわめて不明瞭にならざるをえない。というのも、この教育的効果の観点から体罰の是非を問うたとしても、あるいは教育に役立つか否かを問うたとしても、そのほどは場合によるとしか答えようがないからである。すなわち、この教育的効果の観点から学校教育における体罰を問うたとしても、結局のところ、漠然とした雲をつかむような答えしか見出すことはできない。ここに、教育現場を取り巻く心の靄が生ずる禍因がある。したがって、学校教育における体罰をめぐる観点について、私たちは根源的に読み直しをおこなう必要がある。

では、学校教育における体罰をめぐっては、いかなる観点から問いを立て、表象し、意味づけ、評価をおこなえばよいか。別言すれば、学校教育における体罰について、体罰の教育的効果の観点を超えるいかなる観点を用意すればよいか。

〈近代公教育の原理〉

学校教育における体罰をめぐる教育的効果の観点に代わる観点として、ここに提示できる観点は、「近代公教育の原理」の観点である。それは広義には、教育の権利をめぐる観点であり、自由と平等を基礎とする学校教育にまつわる観点である。すなわち、ここには「体罰には教育的メリットがあるか否か」という教育的効果の観点に立脚する問いから、「体罰は近代公教育の原理上、容認されうるか否か」という近代公教育の原理の観点に立脚する問いへの転換がある。

では、近代公教育の原理とはなにか。

近代公教育とは、要するに学校教育を意味する。この学校教育とはいうまでもなく、学校という計画的かつ組織的な教育機関においておこなわれる教育の全体である。それは家庭教育や社会教育とならぶ、教育の主要な形態の一つである。制度上の観点からいえば、学校教育は定型教育（formal education）としての性格をもち、社会教育などの学校制度外の計画的・組織的教育である不定形教育（non-formal education）や、家庭や地域社会での日常生活のなかで営まれる非定型教育（informal education）に比肩される教育である。学校それ自体は、その起源を古代ギリシアにまでさかのぼることができる。schoolの語源にあたるschole（閑暇）という言葉が使われたのはこの時期であり、学校は、ポリスの上層階級が、学芸などについての討論や談話に没頭する閑暇を費やす場所を意味した。ちなみに、日本においては鎌倉初期の「足利学校」に初めて「学校」という名称があらわれたが、古くは大宝律令による大学、法隆寺の学問所などにも、学校の発生を認めることができる。[31] むろん、ここで吟味する学校教育はこれら古いタイプの学校ではなく、近代以降に成立した近代公教育としての学校教育である。近代以降の学校教育では、商工業の飛躍的発展により、科学教育や人文主義教育を基盤とする中等教育学校が発展するとともに、読み書き算（3R's）などの基礎学力の習得をねらう初等教育学校がひろく普及した。また産業革命を契機に、伝統的な徒弟制に代わる実業教育学校も職業教育機関として普及した。一九世紀になると、フランス革命を契機としたナショナリズムの影響下で、国家が学校建設や運営に着手し、とりわけ一九世紀後半からの市民革命を介した人権思想の普及にしたがい、あらゆる階級のあらゆる者への「教育の機会均等」を求める公教育としての性格を、学校教育は強めた。

ところで、このような新たなタイプの学校教育、すなわち近代公教育の成立をめぐって、人間の自由と平等に立脚する近代公教育の原理が、また具体的には、義務制、無償制、中立性に立脚する近代公教育の三原則がその中心的な原理・原則であることは、近代公教育の巨匠たるコンドルセの言をあらためて俟つまでもない。この近代公教育の原理は、日本国憲法第一九条において「思想及び良心の自由は、これを侵してはならない」と規定される通り、また、教育基本法第一四条において「良識ある公民として必要な政治的教養は、教育上尊重されなければならない」、同一五条において「宗教に関する寛容の態度、宗教に関する一般的な教養及び宗教の社会生活における地位は、教育上尊重されなければならない」等々と規定される通り、今日の日本の学校教育にあってもなお、その礎石をなすものである。

さて、この近代公教育の原理の観点から学校教育における体罰を表象し、意味づけ、評価し直すとき、私たちはその体罰を問う「問い」それ自体の読み直しをせまられることになる。すなわち、それは「体罰には教育的メリットがあるか否か」という問いから「体罰は近代公教育の原理上、容認されうるか否か」という問いへの転換である。とりわけ、近代公教育における自由の保障の観点からすれば、「体罰は、児童生徒の自由を保障する行為であるか」という問いが、学校教育における体罰の是非を問う最終的な問いであるといえる。

以上の学校教育における体罰をめぐる近代公教育の原理の観点について、例えば、教育哲学者の苫野一徳はきわめて平易な語り口で、以下のように述べる。

でも学校においては、体罰はけっしてゆるされないのだと。……自分の意志で入ったスポーツチームか何かで、「僕を殴って強くしてください！」なんて強く主張するとしたら、それは「絶対にダメ」とはいえないかもしれません。

でも、学校における体罰は、原理的にいってダメなのです。教師による体罰や暴力は、それが正当防衛など特殊な場合を除いて、けっして許されません。[32]

体罰それ自体ついては「絶対的にダメ」とはいえないかもしれない、すなわち、体罰それ自体の是非については絶対的な判断は下すことができないが、他方、学校における体罰は原理的にいって容認されえないということである。

ここに述べられる「原理」とは、おおまかにいえば、先の近代公教育の原理である。とりわけ、近代公教育における自由の保障の観点から、苫野は続けて以下のように述べる。


学校における体罰は、原理的にいってダメなのです。教師による体罰や暴力は、それが正当防衛など特殊な場合を除いて、けっして許されません。なぜでしょうか?それは、何度もいってきたように、学校が〈自由の相互承認〉の土台だからです。子どもたちに、〈自由の相互承認〉の感度をはぐくむ場所だからです。〈自由の相互承認〉とは、お互いがお互いに自由な存在であるということを、まずはいったんルールとして認め合うということです。そのための最低条件は、お互いけっして暴力に訴えないということです。暴力とは、相手の自由を最もあからさまに侵害する行為だからです。それは、恐怖によって、相手の自由を奪い、相手を自分の思いのままにしようとする行為なのです。[33]

すなわち、学校は自由の相互承認の土台であるゆえ、他者の自由を最もあからさまに侵害する行為である暴力は、学校において、原理的にいってけっして許されないということである。この学校教育の原理としての自由の相互承認とは、ここにおいて「お互いがお互いに自由な存在であるということを、まずはいったんルールとして認め合うということ」とされるが、他所で苫野はヘーゲルに照らして次のように述べる。

人間的欲望の本質は〈自由〉である。そして関係存在としての人間が営む社会生活においては、この自由の感度は、他者からの承認なしに達成することはまずできない。ではこうした自由の感度を十全に達成するための、最も根本的な社会的条件は何だろうか。ヘーゲルはいう。それは、各人が互いの〈自由〉――各人が〈自由〉への欲望を持っているということ――を相互に認め合うという、〈自由の相互承認〉のほかにない。人間的欲望の本質である〈自由〉を最も十全に達成するための根本的な社会条件、それは、社会が〈自由の相互承認〉の理念に基づいて設計されているという点こそにある。[34]

すなわち、人間は本質的に自由を欲する存在であること、そしてそれを相互に認め合い自由の相互承認をなすことは、自由を実現するための根本的条件であるということである。

学校教育は近代公教育の原理に立脚するものであるから、これにしたがえば少なくとも学校教育においては自由の侵害は容認されえない。すなわち、体罰は容認されえないことになる。それは先の苫野の言の通り、体罰が、他者の自由を最もあからさまに侵害する行為であるからに他ならない。体罰は、児童生徒に対する一定の懲戒としての性質を有するとはいえ、身体への侵害や肉体的苦痛を与える行為であることに変わりはない。

さて、「体罰には教育的メリットがあるか否か」という体罰の教育的効果の観点からの問いから、「体罰は近代公教育の原理上、容認されうるか否か」という近代公教育の原理の観点からの問いへの転換は、きわめて大きな意味を持つ。先に吟味した通り、教育的効果の観点から学校教育における体罰を表象し、意味づけ、評価し、あるいはその是非を問うことは不毛である。また、現状を混乱させ解決を遅滞させるという意味において、不適切でさえある。なぜなら、教育的効果の観点から体罰の是非を問うたとしても、あるいは教育に役立つか否かを問うたとしても、そのほどは場合によるとしか答えようがないからである。すなわち、体罰の教育的効果はきわめて状況依存性が高い。

他方、学校教育における体罰をめぐる近代公教育の原理の観点は、体罰の評価にまつわるこのような「状況依存」を脱している。すなわち、近代公教育の象徴である学校教育においては、近代公教育の原理の観点、とりわけその自由の保障の観点にしたがって、あらゆる体罰は容認されえない。たとえ体罰に教育的効果があろうと、他者の自由をあからさまに侵害する行為である体罰は容認されえないからである。

先に述べた通り、教育的効果の観点から学校教育における体罰を表象し、意味づけ、評価し、あるいはその是非を問うたとしても、結局のところ、場合によるとしか答えようのない、漠然とした雲をつかむような答えしか見出すことはできない。ここに、教育現場を取り巻く心の靄が生ずる禍因があると述べた。本項で吟味した体罰をめぐる近代公教育の原理の観点は、このような評価の状況依存性ないしは評価の相対化の問題を超えて、学校教育では体罰は容認されえないというきわめて瞭然な判断を可能にさせる観点である。この観点が有するこのような瞭然さは、教育現場を取り巻く心の靄を晴らす可能性が大いにあることを示すものである。

〈近代公教育における体罰の余地〉

「体罰には教育的メリットがあるか否か」という問いから「体罰は近代公教育の原理上、容認されうるか否か」という問いへの転換、すなわち、体罰の教育的効果の観点から近代公教育の原理の観点への転換は、学校教育における体罰をめぐる評価の相対化（case by case）の問題を超えて、学校教育では体罰は容認されえないというきわめて瞭然な判断を可能にさせる点で注目に値するものである。

だが、学校教育における体罰は本当に容認されえないのか。学校教育での体罰に、いわば抜け道はないのか。この近代公教育における体罰の余地の問題について以下で吟味し、本節の締めくくりとする。

二〇一三年一月の「天声人語」に、以下の興味深い記事が掲載された。

鞭を許す空気は、一七世紀に書かれたジョン・ロックの名高い「教育論」にさかのぼるそうだ。

ロックは体罰を強く戒めている。しかし完全に否とはせず、ごく限られた場合には認めた。「叩ことは子の矯正に用いられる最悪の、したがって最後の手段である」と述べている。体罰は無論排されるべきだが、ロックの言葉がある種の同意を誘うのも、一方の事実なのだろう[35]。

ジョン・ロック（John Locke, 1632-1704）とはいうまでもなくイギリス経験論の父であり、近代啓蒙思想を牽引した人物である。また、とりわけ教育史・教育思想史において、ロックが体罰否定論者として位置づけられてきたことは周知の通りである。そのロックが、一六九三年に教育について著した書『教育論』（*Some Thoughts Concerning Education*, 1693）では上の引用の通り、体罰を厳しく戒めている。例えば、以下のように述べられる。

折檻と鞭による例のお座なりの手軽な方法は、家庭教師が誰しも知っており、あるいは少なくとも考えつく唯一の監督手段ですが、教育で用いられるには、なににもましてもっとも不適当なものです[36]。

その理由については、以下のように述べられる。

ただ鞭打たれるのを恐れるばかりに、自分の好みに反して、苦労して書物を読んだり、自分では好きだが、健康にはよくない果物を食べることを控えているような子供が、感覚的な快楽と苦痛以外のいかなる他の動機から行動するのでしょうか、この点においては、子供はただ、より大きな肉体的快楽の方を択ぶか、より大きな肉体的苦痛を避けるものです[37]。

すなわち、子供の行動に影響を与える動機が快楽や苦痛といった肉体的刺激以上のものではなく、「過失を犯したことを苦しんでいるという恥ずかしさは、肉体の苦痛以上に、子供に影響を与えない」ゆえ、体罰は不適当であるということである。ロックが賞罰について論ずる際に重視するのが、この羞恥ないし不名誉の念である。

ところが先の記事にもあるように、他方でロックが体罰を「完全に否とはせず、ごく限られた場合には認めた」ことは、意外ではあるものの、まぎれもない事実である。この点について、ロックは以下のように述べる。

それから鞭打ち、およびすべての他の種類の奴隷的肉体的罰は、賢明、善良で純真な人間にさせたいという子供の教育に用いるに適した訓練法ではありません。したがって、めったに適用してはならないし、しかも用いるとしても、重大な場合と極端な事情の場合に限るべきです[38]。

ここでは、鞭打ち、およびすべての他の種類の奴隷的肉体的罰、すなわち体罰は子供の教育に適していないとしながらも、たしかに重大な場合と極端な事情の場合に限って体罰を限定的に容認している。では、その限られた場合とはいかなる場合であるか。この点について、以下のように述べる。

しかし、思うに、そのために子供が叩かれるのが当然な一つでしかも唯一の過ちがあります。それは強情、すなわち反抗です。……強情なこと、片意地に従順にならぬことは、腕力に訴え、殴ってでも制圧されねばなりません。これに対しては、ほかに矯正法がないのです。[39]

体罰が容認される当然な唯一の場合とは、子供が「強情な」態度を示した場合であるという。むろん、ここで述べられる鞭打ちをはじめとする体罰は、肉体的苦痛に訴えることが目的ではない。「鞭打たれるという恥ずかしさが、罰の最大の部分であるべきで、その痛みがそうであってはならぬようにしておきたいもの[40]」と述べられように、それはあくまで羞恥という内面的、精神的部分に訴えることを目的とするものである。

しかしながら、あくまで羞恥という内面的、精神的部分に訴えることを目的とするとはいえ、また体罰の行使を限定するとはいえ、近代啓蒙を牽引したロックが、体罰をむしろ積極的に容認していたことは、以上の通り事実である。

しかしながら、ここで十分に注意したい点がある。すなわち、だからといって学校教育において、体罰は自ずと容認されるものではないという点である。その理由は瞭然である。すなわち、ロックは必ずしも近代公教育制度の象徴としての学校教育における体罰を論じたわけではない。主にロックが描写したものは、「母親が娘をやむなく八回続けざまに鞭でたたいた」などの記述にあらわれる通り、家庭における体罰のありかたである。先の「天声人語」の記事においては、ロックの体罰容認論と大阪市立桜宮高校のバスケットボール部の事件を併記したうえで、「ロックには敬意を表しつつ、あくまで恐怖と身体的な苦痛なしで子らを育て、導く『覚悟と決意』が大人に必要だ」とまとめているが、この二つの事例は「さしあたり」わけて考える必要がある。

近代公教育の象徴である学校教育においては、近代公教育の原理の観点、とりわけその自由の保障の観点にしたがって、あらゆる体罰は容認されえない。それは、たとえ体罰に教育的効果があろうと、他者の自由をあからさまに侵害する行為である体罰は容認されえないからである。

さて以上では、体罰をめぐる教育的効果の観点から近代公教育の原理の観点への転換について吟味をおこなった。先に述べた通り、体罰肯定論と体罰否定論の争点が体罰の教育的メリットと教育的デメリットの相克にあるとき、両者がともに依拠する観点は、いわば体罰をめぐる教育的効果の観点である。本節では、この体罰の教育的効果の観点の問題点を明らかにし、ひいてはこの観点を超えるべく、体罰をめぐる近代公教育の原理の観点について吟味した。

これを整理すれば、以下の通りである。まず、学校教育における体罰をめぐる教育的効果の観点について。この教育的効果の観点は、きわめて状況依存性が高い。すなわち、「体罰には教育的メリットがあるか、あるいはデメリットがあるか」という問いに対して、状況によって、教育的メリットがあるとも答えることができるし、デメリットがあるとも答えることができる。平たくいえば、体罰の教育的効果のほどについては、場合によるとしか答えようがない。したがって、この教育的効果の観点から学校教育における体罰の是非を問うたとしても、結局のところ、場合によるとしか答えようのない、漠然とした雲をつかむような答えしか見出すことはできない。

そこで、学校教育における体罰をめぐる教育的効果の観点に代わる観点として、近代公教育の原理の観点について吟味をおこなった。この観点は広義には、教育の権利をめぐる観点であり、自由と平等を基礎とする学校教育にまつわる観点である。すなわち、ここには「体罰には教育的メリットがあるか否か」という教育的効果の観点に立脚する問いから、「体罰は近代公教育の原理上、容認されうるか否か」という近代公教育の原理の観点に立脚する問いへの転換がある。この体罰の教育的効果の観点から近代公教育の原理の観点への転換は、学校教育における体罰をめぐる評価の相対化の問題を超えて、学校教育では、他者の自由をあからさまに侵害する行為である体罰は容認されえないという、きわめて瞭然な判断を可能にさせる点で注目に値するものである。そして、この観点が有するこのような瞭然さは、教育現場を取り巻く心の靄を晴らす可能性が大いにあることを示唆するものである。

第五節　心の靄を晴らす試み―おわりにかえて―

本章では、学校教育における体罰の思想を吟味し、その問題と克服の途を探る作業をおこなった。前節では、「近代公教育の原理」の観点が、私たちの数多が立脚する体罰の「教育的効果」の観点にまつわる曖昧さを克服しうる重要な観点であることが明示された。結局のところ、本章にて提案したい点はこの点に尽きる。学校教育における体罰をめぐる観点の読み直し、すなわち、体罰をめぐる教育的効果の観点から近代公教育の原理の観点への転換こそが、本章における提案である。それはこの近代公教育の原理の観点が、体罰をめぐる評価の曖昧さやそこから生ずる「やりきれなさ」や「とまどい」といった教育現場の靄を晴らしうるだけでなく、児童生徒の自由の保障を嚆矢とする学校教育の第一義的な観点であるからに他ならない。

むろん、この観点は建前に過ぎないという指摘はあろう。そのような指摘があろうことは承知の上で、されどこの近代公教育の原理の観点への転換の要請は、体罰をめぐるきわめて混沌とした拠り所のない状況において、教育現場が依拠しうる一つの基準点を指し示すものであると確信している。この観点はもはや本書が射程とする体罰の問題を超えて、学校教育が他ならぬ学校教育であるためのアイデンティティの再考をもうながすものである。

それだけではない。学校教育における体罰をめぐる観点の読み直しによって、体罰を被る児童生徒ばかりでなく、ひいては体罰に直接的・間接的に関与する教員もまた救済されうると確信している。この点については、第四章にて試論する。

注

(1) 学校教育法第一一条。

(2) 文部科学省、「問題行動を起こす児童生徒に対する指導について」の別紙「学校教育法第一一条に規定する児童生徒の懲戒・体罰に関する考え方」、二〇〇七年二月五日。

(3) 文部科学省、「体罰の禁止及び児童生徒理解に基づく指導の徹底について」、二〇一三年三月一三日。

(4) 文部科学省、『生徒指導提要』、二〇一二年、一九四頁。

（5）同前、一九五頁。
（6）前掲、「体罰の禁止及び児童生徒理解に基づく指導の徹底について」。
（7）「体罰の禁止及び児童生徒理解に基づく指導の徹底について」の別紙「学校教育法第一一条に規定する児童生徒の懲戒・体罰等に関する参考事例」、二〇一三年三月一三日。
（8）同前。
（9）先に触れた通り、二〇〇七年（平成一九年）に文部科学省より「問題行動を起こす児童生徒に対する指導について」の通知が、各都道府県教育委員会教育長、各指定都市教育委員会教育長、各都道府県知事、および、附属学校を置く各国立大学法人学長宛に通達されている。
（10）文部科学省、「体罰に係る実態把握（第二次報告）の結果について」、二〇一三年八月九日。
（11）大八木淳史、『ラグビー校長、体罰と教育を熱く語る』、小学館、二〇一三年、三五―三六頁。
（12）朝日新聞（朝刊）、二〇一三年五月十二日、一六頁。
（13）同前、一六頁。
（14）同前、一六頁。
（15）藤井誠二、『体罰はなぜなくならないのか』、幻冬舎、二〇一三年、九七―九八頁。
（16）杉山洋一、「生徒指導主事の体罰意識に関する調査研究―学校運営への関わりを展望して―」、『東京大学大学院教育学研究科教育行政学研究室紀要』第一六巻、一九九七年、一一四頁。
（17）文部省初等中等教育局教務関係研究会、『教務関係執務ハンドブック』、第一法規出版、一九七六年。
（18）内田宏明、「なぜ、体罰はいけないのか」、『教育と医学』第六一巻第八号、慶応義塾大学出版会、一三頁。
（19）同前、一四頁。
（20）大貫隆志、『指導死』、高文研、二〇一三年、一頁。
（21）「『指導死』親の会」と「指導死」の語の詳細については、同前、八二―九二頁。

(22) 同前、四頁。
(23) 同前、六〇頁。
(24) 前掲「体罰の禁止及び児童生徒理解に基づく指導の徹底について」。
(25) 同前。
(26) 内田、一七頁。
(27) 同前、一八頁。
(28) 同前、一九頁。
(29) 森田ゆり、『しつけと体罰』、童話館出版、二〇一〇年、四一頁。
(30) 体罰の会会則第三条「本会は、進歩を目的とした有形力の行使である体罰が教育に必要不可欠な要素であることの認識に立って、我が国を席巻している合理主義教育を排除するために、学校教育法第一一条但書を廃止させ、児童虐待の防止等に関する法律第二条の児童虐待の定義から体罰を除外する旨を明記させるなどの法改正を実現させることなどにより、体罰が教育上必要不可欠な正当行為であること法制度上においても確立させ、国民の愛国心を醸成させて教育正常化を実現する国民運動を展開することをその目的とする」、http://taibatsu.com/m3.html
(31) 石田美清編著、『子どもと教師のための教育原理』、保育出版社、一三頁、参照（渡部分担執筆）。
(32) 苫野一徳、『勉強するのは何のため？僕らの「答え」のつくり方』、日本評論社、二〇一三年、一七八頁。
(33) 同前、一七八―一七九頁。
(34) 苫野一徳、『どのような教育が「よい」教育か』、講談社選書メチエ、二〇一一年、一一二頁。
(35) 朝日新聞（朝刊）、二〇一三年一月一〇日、一頁。
(36) ロック、『教育に関する考察』（服部知文訳）、岩波文庫、六三頁。
(37) 同前、六三頁。
(38) 同前、六七頁。

(39) 同前、一〇六―一〇七頁。
(40) 同前、一〇七頁。

第四章

「体罰」を読み直す——各論の考察——

はじめに

本著冒頭の「はじめに」を読んでいただいたのち、すぐに四章にいらした読者もいらっしゃることと思う。四章では一章から三章で取り上げた内容をもとに、まず各著者が「結論」を述べている。そしてその「結論」を受け、ほかの著者がコメントを述べるという形式をとっている。

本著は研究領域が全く違う三者が、一つのテーマを三方向から分析している点に特徴があり、それによってこれまで自明と考えられていたことに疑問を投げかけ、再考するきっかけを与えることに成功した。しかし同時に、三者によるそれぞれの意見は議論がかみ合わなかったり、意見が一致しなかったりと、読者にも不可解な思いをさせていることも事実である。これも本著の特徴の一つとご理解いただければありがたいのだが、そうはいっても可能な限り本著の中で共通の見解と一定の結論を示すことが本著の使命と考える。それを実現するために、本章ではこのような構成にした。

さて本章においては、各章において見出された近代公教育の陥穽、つまり「落とし穴」としての「体罰」について言及している。「体罰」そのものを論じることよりも、「体罰」という名の、表層に現れた近代公教育の陥穽の場所について、あるいは「落とし穴」を作り出した張本人について、そして陥穽に陥ってしまった理由について言及していきたい。それによって「体罰」を読み直してみようと思う。

第一節　教師の体罰への意識―体罰にまつわる言説―

鈴木麻里子

第一章において、体罰を行った場合の懲戒処分をもとに「体罰」の捉えられ方について述べた。さらに桜宮高校の体罰問題以降、変容を求められる教育現場の体罰に対する意識について、新たに提示された方針をもとに述べてきた。これらの考え方を整理する過程で、一つの疑問が生じてきた。それは、なぜ教員自身が、桜宮高校体罰問題が発生する以前に、体罰について熟考してこなかったのか、ということである。誤解していただきたくないが、決して教員を責めることを意図しているわけではない。むしろ、教員たちに「体罰」について向き合う機会を作らなかった教育的環境、あるいは社会的風土にこそ、その問題の起点を求めるものである。

その教育的環境、あるいは社会的風土は、まさに大阪市外部監察チームの報告書にも指摘がされていた。それは、「愛の鞭」が教育的に有効であるという考え方である。「愛の鞭」が何かという議論はまったくされないうえ、そもそも「愛の鞭」に（少なくとも学校教育において）効果があるという実証もされていない。それにもかかわらず、体罰こそが「愛の鞭」であり、児童生徒のために体罰を行っているかのような幻想に陥っている。ここに近代公教育の陥穽――落とし穴――を見出せるのである。

本節では、「体罰=愛の鞭」を教育現場に見られる言説と位置づけ、そう語られてしまう背景について検討してみたい。

第一項　体育教員と体罰

スポーツと体罰の関係については多くの先行研究もあり、識者もそれについて多方面から多くの意見が述べられている。もちろんスポーツと体罰との関連性は当然検討されるべきものであり、それについて特に異論をはさむ余地はない。しかし、冒頭でも述べたが、本著が目的としているのはあくまでも教員による体罰の構図を明らかにするものであり、その観点からすれば、その対象となるスポーツとは、ここにおいても「学校」現場を主眼に置いたものに限定することに意義があると考えている。

学校体育と体罰に関する研究として、菊幸一（二〇〇二）は、一九九六年法務省人権擁護局の調査をもとに、体罰の実に三割以上が体育教師によるものであると述べ、さらにそれは「「体育」という教科にまつわるイメージとその実際的な応用範囲の中に、かなり頻繁な体罰行使のチャンスとその実際的行使に対する自他の容認を促すシステムが構造的に存在している」[1]と述べている。つまり、体育教師は、その教科の特性からも、自己の教師としての資質や能力にかかわらず、体罰をしやすい環境にあると言うのだ。

このことは、体育の現場においては体罰を意識的に否定するという環境は創設されてこなかったことが指摘できる。体育や部活動の現場において体罰は常態化し、さらに体罰によって指導を受けたものは、また体罰を用いて体育や部活動指導に当たるという体罰の悪循環は決して極端な例とは言えない。つまり「体育」という教科を通して体罰の再生産が行われているのだ。その一因と考えられるのは、体育・部活動の学校スポーツだけではなく、スポーツ界全体に指導法の一つとして体罰が用いられてきたという背景もあろう。しかしここで着目したいのは、それらの指導法についてではなく、体罰を容認してしまう環境を自ら作り出している体育教員の再生産である。体罰の循環を断ち切るには、体育教員の養成、つまり大学における教員養成課程において転換のチャンスがあるように思える。そこで筆者が担当する教員養成課程の授業の中で行っている内容から、教員養成課程にある学生たちの「体罰」の価値観について検討してみたい。

筆者は毎年必ず「体罰」関する課題を学生に課している。この課題を用いて二〇一三年度の内容から、保健体育教員志望の学生に見られる体罰への意識について検討を試みたい。

この課題を課している科目は、教職課程の中でも基礎的な内容を扱うもので、一般的には「教育原理」「教育原論」といった名称をもつものである。これを受講する学生は入学して間もない一年生が多く、つまりこの科目において受講生の教職に対する意識はまだそれほど高いわけではない。このような履修環境の中、学生に対し「体罰について調べよ」というレポートを課している。二〇一三年六月中旬に提出されたこの課題によるレポートを分析した。

分析に有効なレポート数は一八五で、学年分布は四年生二人、三年生一五人、二年生が三四人、一年生が一三三人、その他（科目等履修生）が一人である。ここには保健体育の他にも社会等の免許取得希望者が含まれる。

これらのレポートの内容から、体罰に対して意識は「容認」あるいは「否定」の態度を示しているもの、「懲戒と体罰の線引きがあいまい」と指摘するもの、レポートの内容からは体罰に対しての意識が選別できないものに分類できた。この分類による結果が図1である。

図１　教職履修大学生の体罰に対する意識

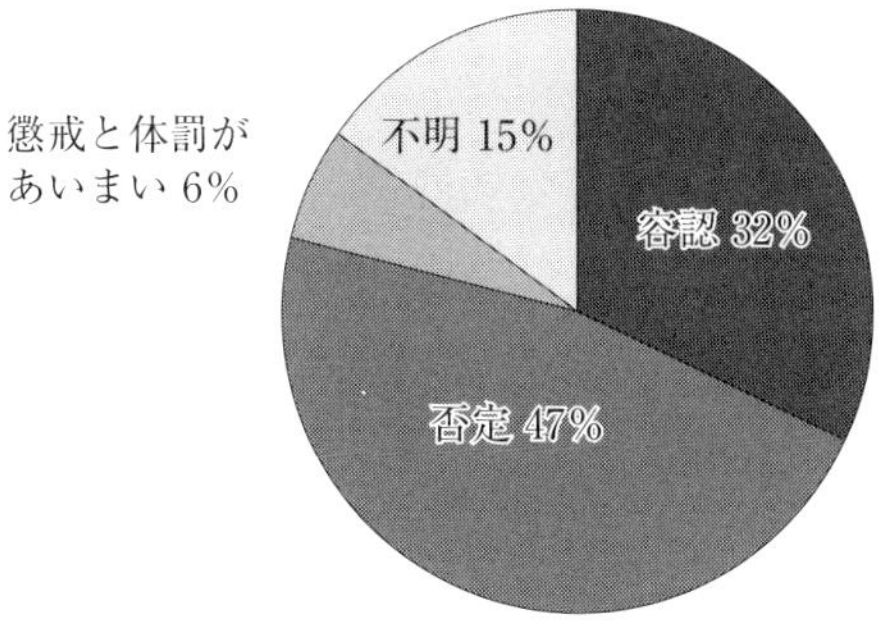

全体の四七％が体罰に対して絶対的な否定の態度を示している一方で、体罰を容認する回答も三二％あった。ただし、容認する態度を示している学生においては、全面的に体罰を肯定するものではなく、「体罰も場合によっては必要」と考えている学生がほとんどである。

さらに、これを取得希望教科で分類したものが図２である。保健体育の免許を希望する学生と、それ以外（社会、地理歴史、公民と商業、情報、福祉、保育士免許が含まれる）とに分けてその意識を比較した。

保健体育志望者で体罰容認するものが三六％であるのに対し、それ以外は三〇％と保健体育志望者の方が若干ではあるが、体罰を容認する割合が高い。一方、体罰を否定する者の割合は保健体育志望者では四八％であるのに対し、それ以外は四三％である。こちらも保健体育志望者の割合が高いことがわかる。

この時点では一概に「体育教師は体罰容認する傾向がある」とは言いえないことがわかる。体罰を否定するのも体育志望者の方が多いからだ。この現象から考えられるのは、体育教員を目指す者は、その高校生までの過程において「体罰」が割と身近にあり、それ故に、体罰に対してほかの教科を志望する学生よりも意識レベルが高いということである。これは先に述べた体育教師が体罰教師の再生産をしている、

図２　教職課程履修大学生の体罰に関する意識（志望教科別）

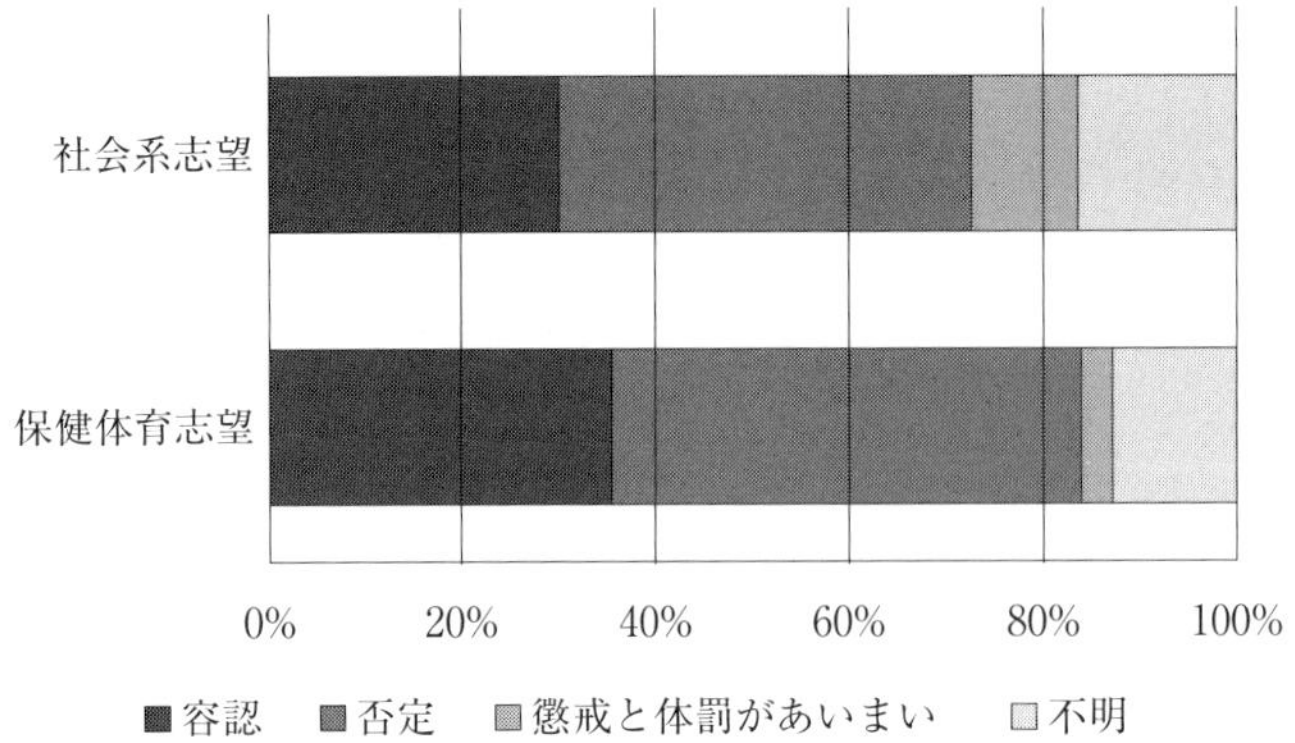

という理論を完全に否定するものではないが、体育教師は自らが過去に体罰を経験したり、見聞きしたりする経験が多分にあったことは容易に想像がつき、それによって、自分自身が教師を目指す、あるいは教師となった際に「体罰」について「善悪」も含めてよりリアルに捉えようとする傾向があることを示している。現に、社会等の志望者は、「懲戒と体罰があいまい」とする割合が多く、自分自身の「体罰」に対する概念が明確ではないことを示している。このことからも体育教師志望者は、自身の経験で「体罰」がどういうものかを理解していると同時に、それを容認するか否定するかの態度を決めていると言えるであろう。

これは、今後の教員養成課程において重要な示唆を与えている。それまでの初等教育、中等教育段階で経験した体罰により、その後の教員の資質形成に影響を与えるからである。特に保健体育の教員志望者は体罰に対して敏感な反応を示す。より注意深く「体罰」に関する知識を提供する必要がある。しかし、レポートを読み込んでいくと、簡単に「体罰」を否定することができない背景があることがわかる。次に体罰を経験した者が体罰を否定しない理由を検討したい。

第二項　「体罰＝愛の鞭」の幻想

体罰を容認する態度を示したレポートの内容、つまり「場合によっては必要」と考えている学生のレポートの回答例を以下に示したい。

A：「体罰として一括りに出来ない暴力だってあると私は思う。私が間違った事をしてしまったとき先生は手をあげてきた事もあったが、私は体罰だとは感じなかった。そこに教師と生徒の絆ができていたからだ。」

B：「現在の教育では、愛のある体罰でさえも体罰としてあつかわれてしまう。体罰をしない教師がすべてよいとは言えないと考える。それは、生徒が本当に自分の進むべき道を踏み外したときに本気になって生徒を指導していないことだと思う。」

C：「体罰はやってはいけないことだ。そんなことは誰もが知っている。しかし生徒との信頼関係から『これは体罰じゃない』などといったことがあると思う。自分自身も、高校時代の部活動で、もちろん殴られることはあった。しかし、それを体罰と考えたことはなかった。今現在問題になっている体罰よりは大分程度は軽いと思うが、実際こういったコミュニケーションのとり方があると思う。体罰というのは、生徒次第だが、行き過ぎたやり方はいけないと思う。」

「体罰は絶対に必要である」という強い主張をする学生こそいなかったが、しかし、体罰を容認するその根拠というのは、「悪いことをしたのだから、殴られても仕方がない」、そして「殴られることによって教師と性行不良（あるいはミスをした）の生徒との信頼関係が築ける」ということを信じて疑わないというところにある。つまり、「体罰＝愛の鞭」という言説を教育的指導法の一つとして認識しているのである。

おそらく、回答した当の本人にとってみれば、あの時、あの先生に殴られたからこそ、今の成長した自分があるという、体罰をふるった教員に対して感謝の気持ちや尊敬の念すら持っていることであろう。「愛の鞭」自体に教育効果があるかどうかはここでの検証は省くが、たとえ「愛の鞭」に教育的効果があるとして、なぜそれが体罰という有形力の行使でなければならないのであろうか。体罰でなくても、すでに教員には懲戒権は認められているのであるから、本来認められている懲戒権を行使すればよいのである。しかも、わざわざ法律違反までして「体罰」を行使しているのである。

この言説が語られる背景を探ってみたい。

たとえば、性行不良の高校生がいて、コンビニエンスストアで万引きをしたとする。担任の教員が店舗からの連絡により事態を知ることになった。そこで担任の教員は万引きをした生徒の対応に当たるのであるが、その際に、A教諭は「校則により一週間の停学処分になる」という事実を伝え、その後学校は認められている懲戒権を行使した。一方B教諭は「先生は情けないぞ」と言って生徒の頬に平手打ちをした。さて、生徒にとってどちらの教諭の行動が「愛の鞭」と感じられるだろうか。おそらく後者のB教諭の方を選択する者が多いのではないだろうか。しかし、これこそが言説を言説と足らしめている。

この例で言えば万引きをした生徒に対し「停学処分」という懲戒権を行使するまでには、必ず「指導」が行われていなければならない。「なぜ万引きなどしたのか」「両親はどうしているのか」「お金は持っているのか」など、生徒の心理状態や家庭環境も考慮しながら生徒を諭し、自身の行った行為を反省させ、二度と行わないよう様々な対策がとられなくてはならない。さらに言えば、その後の生徒のサポートのために、スクールカウンセラーや教育委員会、場合によっては地元の警察などと連携して、組織的に対応するような方策もとられるであろう。その上で、行った違反行為に対して懲戒処分が行使されるのである。

一方、その場で体罰（類を平手打ちなど）を行うということは、つまり、「指導」を行わず、いきなり（認められているものではないが）体罰という懲戒権を行使していることである。そして体罰を行使した後に、「なぜ万引きなどしたのか」「両親はどうしているのか」などといった指導を行うことで、おそらく生徒は「自分のことを本気で考えてくれている先生」だと思い込むのであろう。しかし、結果的には万引きをしたのであるから本来の懲戒である停学処分にもなるわけであるのだが。体罰をされた上に、本来の処分も受けなければならないのであっては、生徒にしてみれば踏んだり蹴ったりである。

つまり、「体罰＝愛の鞭」を語るとき、多くは本来教育的に重視すべき「指導」の内容には触れられていないのである。「愛の鞭」が懲戒の内容のみを示しているとすれば、「停学処分」と「一発ぶんなぐる」では、後者の方に「愛」を感じてしまう。しかし、事実は「停学処分」にいたるまでには様々な指導や対策が講じられており、体罰などせずとも、生徒の更生は可能なのである。その事実を語らずに、体罰は教師の愛だと叫ぶのは大きな間違いである。

この間違いに気づかせない背景は、「指導」と「懲戒」を混同していことにある。一般的な議論においても「これは指導なのか体罰なのか」というものがあるが、そもそも体罰は懲戒として行われるため「指導」には当たらない。もっとも、教師の立場からすれば、「懲戒」も「指導」の一環であり、懲戒と指導を切り離して考えるというようなことはこれまでほとんど考えられてこなかったため、混同して考えられていれも仕方のない現状ではある。しかし、この問題を考える上では、「指導」と「懲戒」はやはり切り離さなければ、解決には至らないであろう。

そもそもなぜ教員には懲戒権が認められているのであろう。教員にとって「指導」は権利であると同時に義務である。しかし、一方の「懲戒」は、権利は有しているが必ずしも義務ではない。学校という集団で行われる教育環境において、「懲戒」の持つ意味は、集団維持機能の一つであると考える。つまり、集団が秩序を持って発展していくためには一定のルールが必要であり、そのルールに背いた場合、あるいは著しく集団の秩序を乱す行為があった場合は、集団を管理監督している教員が懲戒権を行使し、他の児童生徒にその悪影響が及ばないよう調整する必要がある。それに対し「指導」の持つ集団維持機能は、ルール違反の行為をしたその本人に対して行うものである。行為の非を認めさせ、改めさせることによって、集団の秩序を守りながら発展することを促すものである。「指導」と「懲戒」ではその機能が違うということを考えれば、おのずと懲戒権を行使する場面は限定されてくると考えられる。

以上のように「体罰＝愛の鞭」という言説の背景にあるのは、「懲戒」の集団調整機能と「指導」の集団発展機能という、学校の教育集団維持機能の二つの側面を混同して用いていることにある。ここで強調しておきたいことは、「懲戒」という機能を用いても、集団が発展することはない、ということである。すなわち、「懲戒」は決して「愛の鞭」にはなりえないのである。「愛の鞭」が児童生徒の行為の非を改め、将来のための資質や能力をよい方向へと向かわせるため厳しく接することであるなら、それは「指導」によってのみ可能となる。「懲戒」はあくまでも教育集団が秩序を持って組織されるための機能であり、集団が集団として発展し、児童生徒が成長するためには「指導」が何よりも不可欠である。

このように述べると、「懲戒」と「体罰」が禁止されているのであるから、「懲戒」ではなく「指導」の中で有形力を行使して、行為の非を改めさせることは許されるのか、という反論もあるかもしれない。しかし、冷静に考えればわかることだが、行為の非を改めさせるのに有形力を行使することは、これは罰などではなく、単なる「脅迫」である。「脅迫」によって行為の非が改まるのであれば、教師の専門性などまったく無意味なものになってしまうであろう。

第三項　「痛い目にあわないとわからない」言説

同様に、教育現場にみられる体罰と関連した言説に「痛い目にあわないとわからない」というものがあげられる。しかし、この言説が語られるとき、ここには二つの意味があり、これもまた、混同されることで体罰が教育的効果を発揮しているような誤解を生じさせていると考える。

一つは、行っている行為が社会的な秩序を乱すものであるにもかかわらず、行為者本人が何度も繰り返して行う場合、それは懲戒の対象となるということを、実際に懲戒処分にすることで、行為者本人に知らしめることを言い表している。もう一つは、行為者の行っていることが危険を伴ったり、失敗する可能性の高いものであったりしながら、しかし他者が何度それを注意しても当の本人はやめようとはせず、結果的に行為者自身が失敗をすること―物理的または心理的に痛い思いをすること―によって、その行為が不適切であったということを、身をもって理解することを言い表したものである。前者は、他者による懲戒行為―場合によっては身体に直接加える罰も含む―を実行することであるのに対し、後者は経験によって、行為の非を自ら気づくことである。

わかりやすいところで言えば、幼児期の家庭教育の中においては、この二つの場面が日常的に行われている。前者の例として、例えば「食事中は立ち歩かない」ことを家庭のルールとしてしつけているとする。しかし子どもは何度注意しても行為がなかなか改まらない。そこで保護者が何度目かの注意後、「お仕置き」として食事を下げてしまったり、物置に数分間入れたり、場合によっては尻を叩いたりして、家庭内で決めた懲戒行為にいたることがある。その際に保護者は子どもに対して「痛い目に合わないとわからない」、つまり「お仕置き」＝懲戒をしないと、それがしてはいけない行為であることがわからないから、懲戒行為を実行するわけである。

一方、後者の例は、子どもが危険を伴うような行為、例えば高いところに上りたがる子どもがいた場合、保護者は落ちた時を考え何度も降りるように注意するであろう。しかし、子どもはそれを聞かない。そのような時保護者は、「実際に落ちて『痛い』思いを経験しなければ、それが危険行為であることが理解できない」という意味で、「痛い目にあわないとわからない」という言葉を使う。この場合、逆に「わかる」ということは、子ども自身が自ら「やってはいけない行為」であることを気づくことである。つまり、経験によって自ら危険行為やルール違反をしてはいけないことに気づいていくことである。これは懲戒行為には該当しない。これを「痛い目」の「気づき効果」としよう。

一方、前者の場合は自らの「気づき」を重視することではなく、他者により強制的に（本人が納得しようがしまいが）禁止事項を刷り込むことである。行為者は、その行為が正しいか間違っているかの検証もなく、「お仕置きされるから、次からはやらない」という行動の基準を構築するのである。これを「痛い目」の「気づき効果」に対する「刷り込み効果」としたい。

　さて、学校の体罰の現場でこの言説が使用される場面の多くは、「刷り込み効果」によるものであろう。不正行為を繰り返し行う児童生徒に何度注意してもその行為が改まらないため、「痛い目にあわないとわからないのか」と言って、実際に殴打する場面があったとする。先ほども述べたように、「刷り込み効果」による懲戒行為は行為者本人が納得するしないにかかわらず、禁止事項を刷り込むことである。幼児期ならまだしも、中等教育段階にある生徒が、不正行為を繰り返したうえ、「殴られるからやらない」という考えには至りにくいと考える。しかし少なからず大学生が「あの時先生になぐられたことで気が付いた」という趣旨の内容を述べていることから、懲戒行為からも「気づき効果」が得られるかのような印象を受ける。教師は、そのまま放っておいたらいずれ「痛い目」にあう可能性が高いから、今のうちに教師が殴ることで擬似的に「痛い目」を体験させ気づかせる、という発想にある。そして生徒の方も、最も危険な状態になる前に教師が擬似的に「痛い目」にあわせてくれたことで「気づく」ことができた、それ故に先生には感謝している、と感じてしまっている。

　本当にそうなのであろうか。

　「体罰＝愛の鞭」言説でも述べたが、懲戒行為に集団発展機能はない。発展させる機能はあくまで「指導」である。「痛い目にあわないとわからない」言説においても大事な要点が語られていないことがわかる。つまり、「指導」である。多くの学生が「殴られたおかげで」と語る背景には、教師の殴打そのものによって更生や改善がなされたわけでなく、その不正行為にまつわる「指導」があったからこそ、「気づき」が得られたと考える方が妥当であろう。つまり、「痛い目」の疑似体験は決して「殴打」という懲戒によってもたらされたものではなく、それにまつわる「指導」こそが「気づき」をもたらす擬似体験につながったと考えられる。

しかし、体罰が容認される場所では、「指導」を語るのではなく、体罰（懲戒）こそが「気づき効果」を発揮するものと考えられてしまっている。それ故に、体罰が教育的効果をもたらしたと大きな勘違いを生んでいる。

このように述べると、「では、指導力が十分にあれば体罰をしてもよいのではないか」という反論もあろう。しかし、指導力がないからこそ体罰という懲戒行為を行うしか手段がないのである。懲戒行為は禁止事項を「刷り込む効果」でしかない。高い指導力とは、生徒自身に禁止事項を刷り込むことではなく、気づかせることであると仮定するのなら、「痛い目」にあわせなくても十分に「気づかせる」ことができるはずである。指導力が十分にあれば、体罰などする必要がない。しかし、残念だが多くの大学生が語るように、教師たちに指導力が十分になかったため、「体罰」という懲戒行為によって禁止事項を刷り込まれてから、「指導」が行われ、それによってやっと「気づく」ことができたと勘違いしているのが現状である。

第四項　「体罰＝愛の鞭」言説にとらわれたスポーツの指導者たち

「体罰＝愛の鞭」言説や、「痛い目にあわないとわからない」言説など、体罰や暴力を美化し、さらにそれらに教育的効果があるような表現は、これまで多くの教育現場で受け入れられ、疑うことをせず語られてきた。そのことがまさに桜宮高校の悲劇を生み、またスポーツ界における体罰容認の風潮を助長させたと考えられる。

そして桜宮高校バスケットボール部における体罰問題は、この「体罰＝愛の鞭」言説がもたらした結果であると言ってよい。

小村元教諭は、「実力があるのに試合で力が発揮できない選手を発奮させたかった」と当初の聞き取り調査においてその体罰の理由を述べている。「力が発揮できない」ことに対して「懲戒」を与えたという理由であるが、そもそも「力が発揮できない」ことは集団の秩序を乱す行為として考えてよいものなのであろうか。確かにスポーツという勝つことを目的とした集団の中においては、「力が発揮できない」ことはすなわち「負け」を意味する。しかし、スポーツにおいて「負ける」ことそのものは決して罪ではなく、罰を受ける対象ではない。仮にスポーツの世界ではそうだとしても、学校教育の中で行われるスポーツにおいて「負け」が懲戒の対象となるのであれば、それは教育的に大いに問題である。しかし、それにもかかわらず、学校スポーツの中で、罰を受けるという意味での「体罰」が行われていた。しかも、その体罰は「発奮させるため」と、生徒に対して「愛の鞭」であり、生徒に対して「指導」を行ったであるかのような理由で行われているのだ。

このことは桜宮高校体罰事件に関する外部観察チームによる報告書にも次のように述べられている。「当外部観察チームは、「愛のむち」という言葉で表されるところの社会において存在すると思われる体罰に寛容な考え方を背景として、このように、大半の体罰等が、生徒及びその保護者がこれに異を唱えないため、顕在化されることなく、処理されてきたことこそが、これまで体罰が根絶されない根本的理由の一つであると考える」[2]。まさに「体罰＝愛の鞭」言説が体罰が根絶されない理由として挙げられているのである。

繰り返すが、体罰でなくとも、「懲戒」は「愛の鞭」とはなりえない。あくまで集団の秩序を調整する機能であり、それによって集団が発展することはない。

桜宮高校に限らず、このような言説にとらわれた指導者がいまだ数多く存在するのが現状であろう。教育に携わるすべての者が、「指導」と「懲戒」の本来の機能を理解し、適切な使用を心掛けなければならないと切に思うのである。

「体罰」に見られる近代公教育の陥穽―落とし穴―は、「指導」の機能と「懲戒」の機能を同一のものとし、まるで「懲戒」にも「指導」の機能があるかのような誤った考え方が存在していたことにあると結論付けたい。

注

（1）菊幸一（二〇〇一）「体罰と暴力」、杉本厚夫編『体育教育を学ぶ人のために』、世界思想社、一〇五―一〇六頁。

（2）平成二五年四月三〇日、大阪市教育委員長宛てで提出された桜宮高等学校の事案にかかる外部監察チームによる報告書、九頁。

《コメント》

「指導」と「懲戒」の峻別をめぐって

前田 聡

第四章第一節およびその前提となる第一章につき、第四章第二節筆者（「第二節筆者」）の立場から若干のコメントを試みる。第二節筆者が特に注目したいのは次の二つの論点である。第一に「体罰」と「わいせつ行為」に対する懲戒処分の軽重の差異が意味すること、そして（二）「指導」と「懲戒」の「混同」という問題、の二つである。

（一）「体罰」と「わいせつ行為」に対する懲戒処分から見える問題

鈴木は、文部科学省の調査と横浜市において行われている「懲戒処分の標準例・処分量定一覧」において、体罰を行った教員に対する懲戒処分とわいせつ行為を行った教員に対するそれとを比較し、後者に比べて前者が軽いこと（鈴木の言を借りれば「体罰行為への処分の『甘さ』」）を示す。そしてその理由が「『体罰』は『指導』の延長線上にあると考えられていること」にあると指摘する。

第二節筆者は、この差異はつまるところ「教育」観の問題、すなわち「教育」についての考え方に関わる問題であると考える。以下若干のコメントを付す。

いうまでもなく、「わいせつ行為」はどのように弁明したところで、「教育」の名の下に正当化することは不可能な行為である。そして、社会的にも非難されるべき行為であることに異論はない。だからこそ、教員の信頼を失墜させる行為として重い懲戒処分が課されることになる。

これに対して「体罰」は、少なくともそれを行った教員の主観においては「教育」の一環として行われているはずである。換言すれば、体罰を許容する、あるいは、さらに進んで必要とする「教育」観のもとに体罰を行っているはずである（この点は第三章、そして本章第三節をも参照）。そして、そのような主観的な認識は、おそらく懲戒権者側にも共有されているのではないか。だからこそ、体罰に対して強い非難を加えることに躊躇するのではないだろうか。

そこに加えて、今日、体罰は許されないという確固たるコンセンサスが確立しているとは言い難いという社会的な状況も認められる。そうした事情が、体罰に対する懲戒処分を相対的に軽いものにしているのだ、ということができるだろう。

このように考えると、体罰を抑止するには、単に体罰に対する懲戒処分の重さを引き上げて厳しくすればよい、ということだけでは足りないはずである。体罰をやむを得ない「教育」の一環として捉える考え方、つまり体罰を容認する「教育」観それ自体を問題化し、批判的に克服するという作業が必要になる。

「体罰」に対する懲戒処分の軽重という問題は、単に「体罰」をどのように捉えるのか、というだけでなく、「教育」観の問題、つまり学校という場における「教育」とは何なのか、という問いにつながる問題である。鈴木はそのことを再確認する必要性を示唆しているといえる。

(二)「指導」と「懲戒」の「混同」という問題

鈴木は、「体罰は教師の愛だと叫ぶのは大きな間違いである」にもかかわらず、人々がこの間違いに気づかないのは「『指導』と『懲戒』を混同していることにある」と指摘する。そして、このような間違いを解決するためには「指導」と「懲戒」を切り離して考えなければならない旨主張する。

この主張を第二節筆者なりに理解しなおすならば、次のようになる。

本来非違行為を行った生徒に対する「戒め」である「懲戒」は、教育の場において「生徒のためを思って」実施する、という論法の下に実施されやすいのではないだろうか。換言すれば、もともとは「戒め」であるはずの「懲戒」が、本人のための「教え」である「指導」に転化しやすいのではないだろうか。そして本来、非違行為の重大性との均衡が求められるべき「懲戒」が、「生徒のためを思って」行われる「指導」へと転化することによって、「懲戒」において要求されるはずの均衡が失われ、体罰をも含む、いわゆる「行き過ぎた指導」を招いてしまう。鈴木は、この「行き過ぎた指導」を断ち切るためにも、「指導」と「懲戒」とを峻別しなければならない、と指摘しているということができよう。

確かに、鈴木が指摘するように本来的に機能の異なる「指導」と「懲戒」とを「混同」することによって、弊害が生じる虞は十分に予期される。先述のとおり、懲戒行為は非違行為に見合ったものであるべきところ（これは法的にも重要である）、先述のように「愛の鞭」はしばしば「行き過ぎた」ものになりがちである。「懲戒」はあくまで「懲戒」として、理論上「指導」とは峻別されたものとして把握されることで、「懲戒」は適切に実施されよう。そしてそうした峻別は、「行き過ぎた指導」としての「体罰」を抑止するためにつながることでもある。

しかしその一方で第二節筆者は、鈴木が「結論」とする「『懲戒』にも『指導』の機能があるかのような」考え方が「誤った」ものかどうかについては、少なくとも法律論の見地からは一考の余地があると考える。

第二章第二節第一項において述べたように、一般に「懲戒」は紀律維持を目的とするものであり、義務違反に対して行われる制裁として理解されている。しかしながら、学校教育法一一条は「教育上」の「必要」が認められる場合において懲戒権の行使を容認する、としている。さらに学校教育法施行規則二六条は懲戒権の行使に当たっては「教育上必要な配慮」を要求している。

要するに、学校教育の場においては懲戒行為が教育の一環として行われることが予定されているわけである。そしてその点こそが、学校教育における懲戒を、公務員関係や労働関係における懲戒制度とは異なったものとしていると考えることができる。

そうであれば、法令上、学校教育の場における懲戒は、純粋に集団の紀律維持のみを目的として実施されるわけではない、ということができるだろう。

また、実際上も懲戒、とりわけ叱責や説諭といった事実上の懲戒が行われる場面において教員は、集団の紀律維持はもちろんであろうが、非違行為を行った生徒の非違行為をただすことを目的として懲戒を実施しているはずである。無論、それこそが集団の紀律維持に資するものであるといえるはずである。しかし、同時にその生徒の将来に向けて現在の非違行為をただす行為は、その生徒、さらにはその生徒が所属する学級等の集団に帰属するメンバーの「社会化（socialization）」のために行われている、という側面も持ち合わせているのではないか。つまり、いかなる行為が非違行為とされ、非難の対象となるのかを、教員による「懲戒」を通じて「学ぶ」ことになるはずである。これは鈴木のいう「懲戒」か、それとも「指導」か。

このように考えていくと、「懲戒」と「指導」とを峻別することは確かに重要であるとはいえ、問題はその峻別にとどまらないようにも感じられる。「教育上」の「必要」に基づいて実施される「懲戒」とは何なのかにつき、理論的に明らかにする作業を行うとともに、具体的な教育実践の中で、体罰禁止規定の趣旨を踏まえつつ、どのように懲戒を実施する方法を構築していくのか、という点にあるのではなかろうか。

《コメント》

指導としての体罰は適切か

渡部芳樹

教師の体罰への意識――体罰にまつわる言説――をめぐる本節の鈴木の問いは、端的にいえば、「指導としての体罰は適切か」であろう。この問いの答えを探るべく本節において鈴木は、「体罰＝愛の鞭」の幻想に注目し、その幻想の原因を究明している。

「体罰＝愛の鞭」は幻想である、そして、その愛の鞭の幻想が生ずる原因は教員における「懲戒と指導の混同」にあると鈴木は断ずる。すなわち、懲戒の機能と指導の機能が十分に理解されぬまま、またそれゆえにそれらが混同されたままなされる広義の教育活動にこそ、まさにその幻想が生ずる禍因があるという。この点を図式的に述べれば、以下のようになろう。

懲戒

・集団調整機能

・集団が秩序を持って組織されるために、教員が懲戒権を行使し、他の児童生徒にその悪影響

が及ばないよう集団を調整する機能
・様々な懲戒の手立てが組織されており、それらを講ずれば児童生徒の更生は可能

指導
・集団発展機能
・ルール違反の行為をしたその本人に対して、その行為の非を認めさせ、改めさせることによって、集団の秩序を守りながら児童生徒の成長・発展を促す機能
・体罰は「懲戒の一種」であるため、指導として行使されることは不適切

以上の通り、広義の教育活動には懲戒の機能と指導の機能の側面があり、さしあたりそれらを区別する必要があるということである。そして目下、上記のそれぞれの機能が十分に理解されぬまま、またそれゆえにそれらが混同されたままなされる教育的営為にこそ愛の鞭の幻想が生ず禍因があるということである。

なるほど、「愛の鞭」という言葉がそれ自体まさに表現しているように、それは、教育・指導にまつわる「愛」という語と、懲戒にまつわる「鞭」という語のいわばキメラである。私たちは日常的に教育愛とはいうが、懲戒愛とはまずいわない。この「愛」と「鞭」の奇妙な結合の結果として、つまり懲戒と指導の混同の結果として教育における愛の鞭の幻想が生ずるという鈴木の指摘は、当を得ていよう。

「指導としての体罰は適切か」という鈴木の問いの答えは、上の傍線部分に集約される。すなわち、体罰は――誤解を恐れずにいえば、体罰が懲戒の内でひとまず許容されようとされまいと――、指導のカテゴリーに入れることは不適切である。それはカテゴリー錯誤（category mistake）なのである。つまり、それは指導における体罰の要・不要を超えた体罰の不適切さを指摘する見解である。

体罰をめぐるこのようなカテゴリー錯誤は、体罰を下す教員の側だけでなく、体罰を受ける児童生徒、および学生の側にも共有されるものであると、鈴木は述べる。「多くの学生が「殴られたおかげで」と語る背景には、教師の殴打そのものによって更生や改善がなされたわけでなく、その不正行為にまつわる「指導」があったからこそ、「気づき」が得られたと考える方が無難であろう。つまり、「痛い目」の疑似体験は決して「殴打」という懲戒によってもたらされたものではなく、それにまつわる「指導」こそが「気づき」をもたらす擬似体験につながったと考えられる。」という一説は興味深い。すなわち、体罰を受ける側においても懲戒と指導が混同されているということ、それゆえに、体罰と指導がモザイク状に散りばめられた教員の行為の「指導」の部分こそに、自身の愚行への「気づき」がもたらされた点を看過しがちであるということである。このような体罰を下す者と受ける者の間に横たわる、いわば体罰の共犯性への注目は、学校教育における体罰の再生産の問題を考える上でも、きわめて興味深い。

愛の鞭の幻想について、体罰をめぐるこのようなカテゴリー錯誤の現状に注目しその混乱を整理した鈴木の観点は、学校教育における体罰問題を読み直すうえで、きわめて有益なまなざしを私たちに与えている。

ところで、本節において鈴木が触れる「体罰の教育的効果」の観点は、奇しくも本書において前田も渡部もともに注目する観点であり、この観点をめぐる三者の見解の差異はそれなりに興味深い。

渡部の見解は単純明快である。すなわち、体罰の教育的効果は「場合による」のだから、教育的効果の観点から体罰の是非を論ずるのは不毛であるという見解である。個別の事例については先の第三章を参照されたいが、私たちを取り巻く状況はきわめて多様かつ流動的であるゆえ、体罰の教育的効果もまたきわめて多様かつ流動的にならざるをえない。体罰が功を奏す場合もあれば、体罰が悪い結果をもたらす場合もある。したがって、教育的効果の観点から体罰の是非を問うのは不毛であるという見解である。そこで、学校教育における体罰の是非を問う観点として渡部が提案した観点が、近代公教育の原理の観点であった[1]。

対して鈴木は、体罰はそもそも教育的効果を発揮しないと述べる。すなわち、教育的効果の観点は、体罰の是非を問う観点として有効に機能するということである。というのも、先に触れた通り、そもそも体罰は懲戒のカテゴリーに分類されるのだから、その行為に教育・指導にかかわる「集団発展機能」はない、つまり、教育的効果は発揮しえないからに他ならない。体罰が児童生徒にある種の「気づき」をもたらし、ある種の教育的効果を発揮しているかにみえるのは、教育現場において懲戒と指導が混同されている故であるという鈴木の見解は瞠目に値するものである。

前田の見解については次節に譲るが、前田は体罰をめぐる教育的効果の不測性・予測不可能性に注目し、学校教育における体罰の是非について論考する。体罰の教育的効果をめぐる三者の論理はそれぞれに異なるが、学校教育において体罰はなじまないとする結論は、三者ともに一致する。しかしながら、この結論以上に重要な点は、学校教育において日ごと繰り返される体罰なる事象の読み直しを通じて、私たちが立脚する近代公教育のありようを振り返り、そのありかたを問うまなざしをあらためて紡ぎ出すことにある。

注

（1）第三章第四節第二項を参照されたい。

第二節　学教法一一条を読み直す

前田　聡

第一項　はじめに―「教育上必要」な「体罰」はありうるか―

一　「体罰」の「必要性」を説く教員たち

本節では、第二章においておこなった、学校教育法（以下本節では「学教法」と略記する）一一条但書の「体罰禁止規定」についての分析を踏まえて、学教法一一条但書の意義について、若干の考察を行う。

第二章第一節でも言及したが、この社会では、「体罰禁止規定」の存在にもかかわらず、体罰の「是非」をめぐって議論が繰り返されており、そこでは「愛の鞭」「よい体罰」の教育上の有効性、さらには必要性が主張される。第一章、そして第二章においても言及される大阪府内の高校における事件直後の世論調査にあっても、体罰を限定的にではあれ容認する声は実に四割を超える。(1)「法律で厳しく禁じられているのに学校での体罰がなくならないのは、こうした『世論』が背景にあるからだ(2)」という指摘は、おそらく正鵠を得たものであろう。

そして、体罰を認めるという主張は、しばしば、学教法一一条の名宛人（その条文による規律の対象となる人々）である教員自身によって説かれることもある。本節の考察に入る前に、二人の教員（一人は現職、もう一人は定年退職者）の著書に現れた「体罰」観に触れてみたい。

まず、工業高校で柔道部の監督を務め、同部を全国大会で連覇に導く体育科教員による著書[3]の一節を紹介する。

彼は、「教師である立場を利用して、教師の私怨で生徒を殴る蹴る。そんなのは言語道断だ[4]」と述べつつ、「教育に体罰は必要ないが、子育てには厳しいしつけが必要[5]」だとしたうえで、次のように説く。

そもそも、体罰でもセクハラでもパワハラでも、誰が決めることなのか。外野は関係ない。当事者間でジャッジされることだろう。

…（中略）…

要するに、信頼関係なのだ。

…（中略）…

虐待としつけの境界線は、そこに愛情があるかどうかだ[6]。

もうひとり、定年退職した元教員がその著書[7]で述べていることを紹介する。彼は高校野球の指導者であり、指導者としていわゆる「甲子園」に春二回、夏六回の出場を果たしている。

体罰という言葉は教育の範疇に入る用語である。本来、体罰は教育現場で教師に与えられている懲戒権の一つであって、あくまで生徒を立派に育て上げ、社会に通用する人間にするための手段なのである。決して暴力や傷害という意味と同列に扱ってはならない。(8)

私は体罰も含めた「力」は正義であると思っている。想像を絶する底辺校では、時に憎しみを伴った〝力〟を行使せざるをえないときがある。守るべき生徒達を狙う傍観は、決死の覚悟で教師が排除しなければならないのだ。(9)

叩かれて感謝している（大人になってからも）生徒は本当に皆無なのか!?
叩かれたことによって新たな命を吹き込まれ、その教師の熱意に魂を振るわされ、生まれ変わった人間は一人だにいないのか!?
本当に体罰はすべて悪なのか!?(10)

奇しくも、ここに紹介した二人は、体育系の部活動の指導者として、指導する生徒らを何度も全国大会に導くほどの指導者である。その意味で、当該競技の指導者として卓越した存在であるといえる教員たちが前述した考えを吐露していることを、私たちはどのように受け止めるべきなのか。

二　「個人的」な経験

ここで、本節筆者たる私自身も「告白」しておく必要がある。過去に一度だけ、私が受けた「体罰」についてである。

小学生の時、担任の先生から「ビンタ」を一発受けたことがあった。経緯を説明することは、本節の論旨から逸脱するので省略する。

だが、ひとつだけ「告白」したい。私は「ビンタ」を受けた当時からかなり長い間、その「ビンタ」は「正当なもの」だと考え続けてきた。実は、本書執筆の最中にあっても、この思いを完全に払拭できてはいない。私は今なお「正当だったのではないか」と思わずにはいられないことがあるのだ。

それはなぜなのか。間違いなく、あれは「肉体的苦痛」をともなう、身体に対する直接的な攻撃的行為だったはずである。私はなぜ、あれを「正当なもの」として受け止めてきたのか。

三　「愛の鞭」「よい体罰」であっても体罰を禁止する理由とは何か

以上、個人的な事柄にもやや立ち入ってしまったが、第二章冒頭、そして本項で改めて確認したかったのは、「愛の鞭」「よい体罰」の有効性、さらには必要性を信じる人々が、この社会において決して少なくないであろう、ということである。

そうだとすれば、第二章を踏まえたうえで、本節筆者が問うべきなのは、実はこのような問いなのではないか。すなわち、「愛の鞭」「よい体罰」がありうるとして、なぜ学教法一一条はそれでも体罰を禁止しているのか。

この問いを突き詰めていけば、第二章において指摘した、学教法一一条にいわゆる「教育上」の「必要」性の理解に関わる問題にたどり着くと考える。つまり、先にみた現職／元教員のように、あるいは過去の本節筆者自身のように、体罰的指導を肯定的にみる感覚は、その前提となる何らかの「教育」観に支えられているはずである。そうであれば、体罰禁止規定を論じるにあたって、その前提となる懲戒権規定自体も検討する必要があろう。換言すれば、「教育上」の「必要」の観点から懲戒権の行使が認められる以上、体罰が学教法の考える「教育上」の「必要」からは正当化しえないことを論じなければならないのではないか、ということである。

本節は、仮に「愛の鞭」「よい体罰」なるものがあり得るとしても、なぜ学教法一一条但書はそれを禁止しているのかについて、若干の考察を行う。その際、第二章での分析を踏まえ、かつ、先に紹介した教員らのような声を意識しつつ、次の二つの点に絞って検討する。

第一に、「信頼関係」や「熱意」といった「主観的な意図」は体罰を正当化しうるのか、という点である。そして第二に、「教育的効果の予測不可能性」という点である。

第二項　主観的な意図は体罰を正当化しうるか

一　「信頼関係」や「熱意」は体罰を正当化しうるのか

先の引用文中に「信頼関係」[11]「熱意」[12]という言葉があった。まず、この点に注目しながら考察を進めたい。

先の引用文中にもみられるように、ある行為が体罰とされるか否かは、当事者間の信頼関係に依存しているように思われることがある。ある大学のスポーツ系学部における学生へのアンケート結果において、次のような記述があったという。「体罰はあってはならないものだと思うけど、それを体罰ととるかどうかは、生徒と指導者との間の信頼関係にも関わってくると思います[13]」。

考えてみれば、そもそも第二章で概観した裁判というのも、生徒（および保護者）と教員の信頼関係が破綻したところに（あるいは、そもそも成立していない）ところに発生しているとみることができる。逆に言えば、当然ながらすべての体罰事件について訴訟提起がされていないわけであり、そのように訴訟が提起されていない事案においては、生徒と教員との間に「信頼関係」が維持されているのかもしれない。

しかし、本当にそのように考えてよいのだろうか。また、仮にそのように考えることができるとして、信頼関係が成り立っていれば、体罰は許容されるべきなのか。学教法一一条但書は、そうした「よい体罰」「愛の鞭」を許容していると考えてよいのか。第二章で概観した行政解釈や裁判例を参照しながらこの点を考えてみたい[14]。

二　「信頼関係」や「熱意」が体罰を正当化しえないのはなぜか

（一）　行政解釈や裁判例における主観的な意図の位置づけ

体罰が、たとえば「信頼関係」や「熱意」といった、教員の主観的な意図によって正当化しうるのか、換言すれば訴訟になった場合に信頼関係や熱意の存在を理由に体罰が正当化され、法的責任を免れうるのか。行政解釈や裁判例を振り返ってみると、それは難しいように思われる。以下、そのことを確認する。

まず、行政解釈においては「懲戒行為をした教員等や、懲戒行為を受けた児童生徒・保護者の主観のみにより判断するのではなく、諸条件を客観的に考慮して判断すべき」[15]だとされていることからすると、少なくとも教員と生徒の主観的な意図によって行為が正当化される余地は、かなり限定的だと考えるべきであろう。

また、裁判例においても、たとえば体罰をめぐる裁判の嚆矢ともいえる、いわゆる池原中事件大阪高裁判決[16]や岐陽高校事件水戸地裁土浦支部判決[17]にみられるように、教員の主観的な意図は体罰を正当化する機能を果たしているとはいえない。

（二）　主観的意図が体罰を正当化しえない理由とは

ここで考えておかねばならないことは、裁判例や行政解釈が、体罰か否かの判断に当たって、なぜ教員の主観的意図を決定的な考慮要素としていないのか、という点であろう。これも、第二章で概観した行政解釈や裁判例、そして学説を手がかりにしながら検討する。

たとえば、いわゆる岐陽高校事件水戸地裁土浦支部判決[18]は、問題の教員による懲戒行為について刑事責任を問うにあたり、「被告人の本件犯行は、校則違反者全員が自己の担任する生徒であつたことに対する無念さや、同輩教師から生徒指導について暗になじられたこと等に誘発された私的感情によるものというべきで、たとえ、被告人が当初、教育的意図を有していたとしても、本件行為自体は、教育的懲戒とおよそ無縁のものと評するほかない」との判断を示していた。また、体罰禁止規定の趣旨についてその理論的深化に寄与したとみることのできる判決のひとつである、福岡地裁平成八年三月一九日判決[19]

にあっては、体罰禁止規定の存在理由の一つとして「体罰は現場興奮的になされがちでありその制御が困難であること」を挙げていた。

注目すべきは、これらの判決が、体罰的な行為が「興奮」の下、「制御が困難」なものであることを示唆しているという点である。岐陽高校事件判決は被告人たる教員が「当初、教育的意図を有していたとしても」結局のところ「無念さ」などに基づく「私的感情によるもの」への、いわば変化を看取しているとみることができるし、福岡地裁平成八年判決も体罰禁止規定の根拠として興奮に伴い体罰的行為の制御が困難になる点を指摘している。

こうした「現場興奮」に伴う「制御」の「困難」さは、なにより実際に体罰を行った教員ら自身が実感しているようでもある。たとえば、からかわれればパニックを起こす級友をからかう児童の左頬を叩いたという小学校教員は、「何度も何度も熱心に説諭し続けた」が、「嘘をつき続けた」り、「ふてぶてしい態度」をとることに、「声を荒げて思い切り左頬を叩いてしまった」ことの原因として、級友が「パニックになることがわかっていながらからかうという行為や、そのパニックの様子を楽しむという行為は、人間として絶対に許し難いという怒りの感情が高まっていた」ことを理由の一つとして挙げている[20]。

以上要するに、仮に当初教育的な意図をもっていたとしても、その主観的な意図がかなり容易に転換してしまい、教員の行動を制御しづらくしてしまうということを指摘できるであろう。

では、「現場興奮」に伴う「制御」の「困難」さを克服できれば、「よい体罰」「愛の鞭」は許されうるのだろうか。本節筆者は、それも難しいのではないか、また、認めるべきではないのではないかと考える。この点も、第二章でみた裁判例を手がかりにしながら考えてみたい。

第三項　教育的効果の予測不可能性と体罰禁止規定の意義

一　教育的効果の予測不可能性

改めて、冒頭に引用した教員経験者の著書に言及する。同書は、こう述べていた。

叩かれて感謝している（大人になってからも）生徒は本当に皆無なのか!?

叩かれたことによって新たな命を吹き込まれ、その教師の熱意に魂を振るわされ、生まれ変わった人間は一人だにいないのか!?(21)

本節は、この指摘にこそ、体罰をめぐる大きな問題が伏在していると考える。そのことを、第二章の考察を踏まえつつ、検討する。

先に言及した福岡地裁平成八年判決を再び確認する。同判決ではこのような一節があった。すなわち「いかに懲戒の目的が正当なものであり、その必要性が高かったとしても、それが体罰としてなされた場合、その教育的効果の不測性は高く、仮に被懲戒者の行動が一時的に改善されたように見えても、それは表面的であることが多く、かえって内心の反発などを生じさせ、人格形成に悪影響を与えるおそれが高い」と。

体罰が有する悪影響は、裁判例上もしばしば言及されており、また、行政解釈や学説においても指摘されている。この点は、第二章で確認したとおりである。

もっとも、ここで本節が注目したいのは、「教育的効果の不測性は高く、……人格形成に悪影響を与えるおそれが高い」（傍点は本節筆者）という点である。つまり、「やってみなければ『裏目』に出るかどうかわからない」という手法は、懲戒の手段として採ることが認められないのではないか、ということである。ただ、それは単に教育的効果として不確かな手法を採ることには意味がない、といった程度の問題なのではなく、教育基本法、さらには日本国憲法を頂点とする現行の教育法体系の中において、体罰的行為を認めることは許されないのではないか、ということである。

二　教育的効果の予測不可能性と現行の教育法制

そもそも、学校教育は何のために行われているのだろうか。この点につき、第二章第七節で論究した点を踏まえて、改めて検討したい。

第二章でも言及した教育基本法一条を改めて確認する。すなわち同法一条によれば、「人格の完成を目指し、平和で民主的な国家及び社会の形成者として必要な資質を備えた心身ともに健康な国民」（なお、旧教育基本法一条をも参照）を育てるためであると。「人格の完成」と「社会の形成者」の育成の二つを踏まえている点は、教育学が考察対象とする「教育」の概念とほぼ対応するといってよい[22]。法的には、「個人」の「尊重」（日本国憲法一三条）を中核的理念とする日本国憲法の下[23]、「個人」である一人一人の生徒らの人格の発展を期すこと、またこの社会の成員としてしかるべき知見や態度を身につけることが、学校教育が担うべき役割である、ということができる。

そして、そうした学校教育の制度において認められた懲戒行為は単なる制裁としてではなく、それが「人格の完成」や「社会の形成者」の育成に寄与しうるような形で、換言すれば懲戒行為それ自体もまたそうした「教育」の一環をなすような形で実施されなければならないはずである。だからこそ、「教育上」の「必要」性が懲戒権発動の要件とされる。

第二章では、「教育上」の「必要」性の内実を明らかにする必要性を指摘したが、この「教育上」の「必要」性をどのように理解しようとも、暴力的手段という、それ自体としてもともと「人格」に対する悪影響の発生しやすい手段は、現行教育法制下において正統性は認められがたいはずである。

さらに現代日本に限らず、およそ近代国家は、物理的な暴力を独占する。[24] そして現代の日本においては、日本国憲法の下、そうした物理的な暴力は法の下に厳格に統制されている。一般人による暴力の行使は刑法によって原則的に禁止され（たとえば刑法二〇四条〔傷害罪〕、二〇八条〔暴行罪〕など）、例外的に正当防衛（刑法三六条）や緊急避難（刑法三七条）、正当業務行為（刑法三五条）に該当する場合にのみ、許容されるという仕組みが採られている。要するにこの社会は、暴力の行使を原則として違法化し、暴力行使を正当化できる場面を限定しているのである。

このような社会にあって、「社会の形成者」を育成する営みである「教育」の上で「必要」が認められると称して、暴力行使が行われることは、端的に背理なのではないか。

そのうえ、「現場興奮的」に、当初は「教育的意図」が転化して、怒りや憎しみといった私的な感情に支配されるような事態が容易に想定され、しかも、「信頼関係」の破壊やそれにともなう訴訟等の紛争へと発展し、それが学校教育のシステム全体への信頼自体を揺るがしかねない可能性を有する体罰を、現行法制が設計する学校教育のシステムの一環として容認することは難しいというべきであろう。

第四項　学校教育における「力」と「法」―今後の課題、あるいはむすびにかえて―

以上極めて不十分ながら、試論的に学教法一一条但書の意義について考察を試みた。

ただ、以上のように考えたとしても、なお疑問が残るように思われる。それは、そもそも学校教育のシステムそれ自体をどのように捉えるのかという、根源的で極めて大きな問題と関連する疑問であるといえる。最後にそのことを指摘して、本節の一応のまとめとしたい。

近代以降の学校教育システムに対して大要次のような見方がある。

すなわち、「暴力」の抑制が「絶対不可欠な条件」となる近代国民国家、近代社会（の前提である社会関係）の構成員を再生産する教育制度においては、「前近代的な人格特性」をもつとみなされる子どもを対象とすることから、「皮肉なこと」に「近代国民国家の成立にとって必要であった暴力の管理とこれを独占するシステムとが教育にも必要になってこざるをえ」ないとされる。その上、学校は閉鎖的になりやすく、「教員と生徒との関係においても愛着が威圧に、威圧が愛着に受けとめられてしまうような相互依存関係が生じやすくなる」のであり、「歴史的にみれば、教育が営まれる学校という閉鎖的な空間は、暴力的行為が発動されやすい特徴をもっている」という[25]。

ここに引いた見解が述べるように、学校教育というシステムが暴力的行為を生みやすいという特徴を内包していると考えるとすると、少なくとも二つ、検討すべき問題が生じるであろう。

第一に、そのような暴力的行為が発生しやすい環境下において、教員の体罰を禁止する根拠は何か。第二に、暴力的行為は生徒間においても発生する可能性があるが、それをどのように統制するか。この二点を要約的に換言すれば、暴力的行為が発生しやすい土壌のある学校というシステムにおいて、暴力というものをどのようにコントロールするのかが問われることになる。そして実のところ、先に示した現職教員、あるいは教員経験者たちの指摘は、この二つにまたがって関係しているのではないだろうか。つまり、教員の力のコントロールのみならず、生徒の力のコントロールをどのように実効的に行うべきなのか、という問題がつきまとうはずである。

ここにおいて、学校という場における、教員による懲戒行為のうち、「体罰」とされるものを法によって禁止する、ということの意味が、換言すれば「体罰法禁」の「原理」が、改めて問い直しを求められるように思われる。第二章及び本節は、先に示した二つの問題のうち、前者に力点を置いて考察してきたことになる。だが、前者の問題に加えて、後者の問題も視野に含めたうえで、体罰をめぐる法的(立法論、解釈論)なアプローチを考えていかなければならないことはいうまでもない。体罰をめぐる法的問題をめぐって、私たちはなお思考を続けていかなければならないというわけである。

注

(1)「毎日新聞世論調査：体罰認めず五三%　一定の範囲で容認四二%」、毎日新聞(朝刊)、二〇一三年二月四日、二六面（東京版）。
(2) 藤井誠二、『体罰はなぜなくならないのか』、幻冬舎、二〇一三年、九七頁。
(3) 三輪光、『破天荒』、竹書房、二〇一四年。
(4) 三輪・前掲注（3）、五三頁。
(5) 三輪・前掲注（3）、五四頁。
(6) 三輪・前掲注（3）、五四―五六頁。
(7) 野々村直通、『強育論』、講談社、二〇一三年。
(8) 野々村・前掲注（7）、二〇頁。
(9) 野々村・前掲注（7）、二二頁。
(10) 野々村・前掲注（7）、二二三頁。
(11) 三輪・前掲注（3）、五四頁。
(12) 野々村・前掲注（7）、二二三頁。
(13) 冨永良喜＝森田啓之編著、『「いじめ」と「体罰」その現状と対応』、金子書房、二〇一四年、一四八頁〔近藤良享執筆〕。
(14) なお、本節中では言及できないが、冨永＝森田編著・前掲注（13）、一四九―一五四頁は、「部活動」における体罰が表面化しにくい要因として六つの要因を挙げる。
(15) 「体罰の禁止及び児童生徒理解に基づく指導の徹底について（通知）」（二四文科初一二六九号）文部科学省ウェブサイト［http://www.mext.go.jp/a_menu/shotou/seitoshidou/1331907.htm］（二〇一四年九月二一日最終閲覧）。
(16) 大阪高裁昭和三〇年五月一六日判決（『高等裁判所刑事判例集』八巻四号、五四五頁所収）。なお、本書第二章第五節第一項を参照。
(17) 水戸地裁土浦支部昭和六一年三月一八日判決（『判例タイムズ』五八九号、一四二頁所収）。なお、本書第二章第五節第三項を参照。
(18) 同前。
(19) 福岡地裁平成八年三月一九日判決(『判例時報』一六〇五号、九七頁所収)。なお、本書第二章第五節第三項を参照。
(20) 山本修司編、『体罰と訣別する　毅然とした指導(四)』、教育開発研究所、二〇一三年、三三―三四頁。なお同書は、実際に体罰行為を行った教員の自己分析を、本文中に紹介した事例を含めて六件紹介しており、きわめて興味深い。
(21) 野々村・前掲注(7)、一二三頁。
(22) 平原春好＝寺﨑昌男編集代表、『新版教育小辞典』、学陽書房、第三版、二〇一一年、六八頁〔寺﨑執筆〕は「教育」について「社会の側からの統制・維持の作用と、個人の側からの発達・適応・創造という二つの作用を弁証法的に実現する社会的いとなみ」であると説く。
(23) 日本国憲法についてのこのような理解については、たとえば、芦部信喜(高橋和之補訂)、『憲法』、岩波書店、第五版、二〇一一年、一〇頁及び一二頁を参照。
(24) マックス・ウェーバー(脇圭平訳)、『職業としての政治』、岩波書店、一九八〇年、八―一〇頁を参照。
(25) 本村清人＝三好仁司編著、『体罰ゼロの学校づくり』、ぎょうせい、二〇一三年、一四―一七頁〔菊幸一執筆〕。

《コメント》

「信頼関係」を「法」が裁く

鈴木麻里子

教師と児童生徒の「信頼関係」を、学校教育法一一条但書と関連付けて論じているところが前田が主張する点の醍醐味ではなかろうか。この「信頼関係」をキーワードに読み解いてみると、実に面白いことに気づかされる。学校教育において、教師と児童生徒には「信頼関係」が構築されているという前提があるということだ。もし「信頼関係」が構築できていなかったとしたら、児童生徒にとって授業は苦痛でしかないだろうし、学校生活はつまらないものになるだろう。しかし実際には「信頼関係」を築けずに苦痛を感じている児童生徒がいることも確かだ。反対に、教師であっても「信頼関係」には頭を悩ませているかもしれない。そもそも教師と児童生徒との間で構築される「信頼関係」とは何を指しているのだろう。そんな疑問が生じてくる。

ところで、現役の教師たちと接していると、私にとっては一種の「奇妙さ」として映る、教師特有の物事の受け止め方があるということに気づく。それは、「具体的な言葉よりも抽象的な言葉に感銘を受けやすい」ということだ。教師の世界には「精神論」や「ためになるお話」を表現する言葉にあふれており、それらが教師たちの血肉となっている。例えば「学ぶことを止めたら教えることを止めなければならない」というものがある。おそらくこれこの言葉を否定する教師はいないのではないだろうか。

ところが、「では実際に研修をしましょう」、となると話はちょっと変わってくる。教員には研修の義務があるためもちろん研修は受けるのだが、義務だからしかたなく受けている、という気持ちはそこに一寸もないと言い切れるだろうか。通常の研修ならともかく、少なくとも教員免許更新講習の初日は、ほとんどの先生方は嫌々参加しているのがよくわかる。そのような状況なので、こちらも更新講習はせっかく来ていただいた先生方に喜んで帰っていただけるよう、精いっぱい「面白いネタ」を用意しているつもりだし、また講習が終わるころには多くの先生方に満足していただいていると思っている。

話を「信頼関係」に戻そう。「信頼関係」という言葉自体、よくわからないがなんとなく存在していそうだという、まるで「お化け」のようなものであるのだが、それを「築く」となるとさらに複雑だ。教師たちの間で語られる「信頼関係を築く」というものの正体は、実は具体性のない単なる目標として使用されているものではないだろうか。「信頼関係は大事だ」ということはもちろん誰もが思っているだろうし、そういう学級経営を心掛けているだろう。しかし、では具体的にどうやって「信頼関係」を築くのかという方法論の話となると、それは各先生の経験や流儀によってさまざまであり、そこに明確な手法が確立されているとは思えない。それどころか、「信頼関係」とは、特に部活動においては、生徒がそこに所属した時点で、自然発生的に表れるものとさえ捉えられているふしもある。それゆえに、「信頼関係」という曖昧模糊としたものに依拠して「体罰」を肯定するという論調は許されるべきものではない。

前田は「法」の視点からそれが述べられているわけだが、ここで明確に「法」においては「信頼関係」という教師の主観的な意図によって体罰が正当化されることは難しいと述べられている。「法」で「信頼関係」を裁くとき、それは実体のない「お化け」を裁くようなものだ。

最後に誤解のないように述べておかなければならないが、私は決して「信頼関係」など存在しないと言っているわけではない。ただ、それは結果論として現れるものだと思っている。「学級経営がうまくいった結果、信頼関係が生まれた」「作戦の指示がうまく伝わったから、監督と選手の信頼関係が強まった」などというように。そして、私自身も教師として学生と信頼関係が築けるよう、それを目標に試行錯誤する次第である。

《コメント》

教育上必要な体罰はありうるか

渡部芳樹

学校教育法一一条但書の意義をめぐる本節の前田の問いは、端的にいえば、「教育上必要な体罰はありうるか」であろう。この問いの答えを探るべく前田は、教育的効果の不測性・予測不可能性をめぐる現行の教育法制のありかたに注目している。

教育上必要な体罰はありうるとして、すなわち、「愛の鞭」や「よい体罰」がありうるとした場合、それでもなぜ学校教育法一一条において体罰が禁止されるのか。この点について前田は、「体罰の主観的意図性」と「教育的効果の予測不可能性」の観点から、学校教育において体罰が容認されえないと断ずる。とりわけ、教育的効果の予測不可能性に関する論考は興味深い。先に鈴木の節でも述べた通り、この体罰の教育的効果の観点は、本書において奇しくも三者がともに注目する観点である。

体罰の教育的効果の予測不可能性とは、文字通り、体罰の教育的効果は「やってみなければ効果のほどはわからない」という性質を有するということである。前田が指摘するこの体罰の教育的効果の不測性は、渡部が第三章において論考した体罰の教育的効果の状況依存性と重なる部分がある。先に渡部は、「体罰には教育的メリットがあるか、あるいはデメリットがあるか」という問いに対して、結論からいえば、教育的メリットがあるともデメリットがあるとも答えることができるとし、その体罰の教育的効果のほどについては、「場合による」としか答えようがないと述べた。[1] すなわち、体罰の教育的効果をめぐる評価は状況依存性がきわめて高い。したがって、教育的効果の観点から体罰の是非を問うのは不毛であるという見解である。そこで、学校教育における体罰の是非を問う観点として渡部が提案した観点が、近代公教育の原理の観点であった。[2]

前田は、このような「やってみなければわからない」という手法は懲戒の手段として容認されないのではないかとした上で、「ただ、それは単に教育的効果として不確かな手法を採ることには意味がない、といった程度の問題なのではなく、教育基本法、さらには日本国憲法を頂点とする現行の教育法体系の中において、体罰的行為を認めることは許されないのではないか」と述べ、その体罰否認の根拠を現行の教育法制のうちに探求する。

そもそも、なぜ学校教育はおこなわれているのか。前田は、学校教育をめぐるこの根源的な問いの下、教育基本法一条をあらためて確認し、そこにおいて、「『人格の完成』と『社会の形成者』の育成の二つを踏まえている点は、教育学が考察対象とする『教育』の概念とほぼ対応するといってよい」と述べる。さらに、日本国憲法一三条を視野に入れ「『個人』の『尊重』……を中核的理念とする日本国憲法の下 、『個人』である一人一人の生徒らの人格の発展を期すこと、またこの社会の成員としてしかるべき知見や態度を身につけることが、学校教育が担うべき役割である」と述べる。そして、以上の学校教育の使命をめぐるこの「人格の完成」や「社会の形成者」の育成という観点から前田は、教育的効果を含む教育上の必要をいかに理解しようとも、人格の侵害を伴う暴力的手段としての体罰は現行の教育法制下においては容認されがたいはずであると結論する。児童生徒の人格の完成を目指す学校教育の使命は人格の否定を伴う体罰によっては遂行されえないという、教育法制に立脚した前田の明確な主張は、学校教育における体罰問題を読み直すうえできわめて有益なまなざしを私たちに与えている。

ところで、むすびの部分で前田は、近代公教育のきわめて大きな課題、そのスケールの大きさゆえできれば避けて通りたいほどの課題について触れる。すなわちそれは、近代社会の構成員を再生産する近代公教育制度・学校制度において、前近代的な人格特性を持つとされる「子ども」に対して、近代社会の成立に必要とされた暴力は必要とされうるか否かという課題である。それは、端的にいえば、民主的社会の担い手たる市民の育成は民主的方法によってのみなされうるか否か、という課題である。この課題にまつわる学校教育の問題は、体罰をめぐる問題ばかりではない。例えば、以前、生徒会長選において教員が投票誘導をしたとされる新聞記事が掲載された(3)。教員らはより民主的な生徒会を組織したいがために、つまり、民主的社会の担い手たる市民の育成をより効果的におこないたいがために、非民主的・暴力的な方法で生徒会長選に介入したわけである。このような行為が国政選挙をはじめとした「成人の選挙」において明らかに不当な行為であることは、もはや論ずるまでもない。しかしながら他方で、前近代的な人格特性を持つとされる児童生徒に対してこのような非民主的・暴力的な方法で教育をおこなうことについて、反対への賛同を得ることはそう容易くはなかろう。それは、児童生徒がいまだ民主的社会の担い手たる市民ではなく、その育成段階にある者であるからに他ならない。同様に、学校教育における体罰もまた、民主的社会の担い手たる市民の育成は民主的・非暴力的方法によってなされうるか否かという難問を抱えているのである。

近代国家は物理的な暴力を独占する。暴力は野放しにされず、法の下に厳格に統制される。前田が述べる通り、このような社会にあって、学校教育において教育的必要と称して体罰が行使されることは端的に背理であろうし、さらに、体罰が「現場興奮」に伴う制御の困難さを抱える行為であることは容易に想定されよう。

では仮に、民主的社会の担い手たる市民の育成は非民主的・暴力的方法によってもなされうるとした場合、学校教育はいかなる対応を迫られようか。前田が述べる通り、体罰が主観的意図に基づき、また、体罰がある興奮状態の下で制御不能な状態で行使されることは容認されまい。少なくとも、学校教育における体罰については、この点は容認されないだろう。もしそうであるならば、学校教育における体罰は、教育法制の側面からも、教育理論の側面からも、あるいはまた教育技術の側面からも、一定程度管理・統制されねばなるまい。それは野放しにされることを許されない。具体的には、体罰実施にかかわる教育法制の整備はもちろん、体罰の理論・技術については、教員養成ならびに教員研修などにおいて組織的・計画的な指導を受ける機会が必要とされよう。教員養成課程でいえば、「生徒指導論」、「教職実践演習」あたりがこの体罰実施にかかわる指導に該当する科目であろうか。しかしながら、このような計画自体が、あるいはその様が、実に馬鹿げたものであることはあえて論ずるまでもない。学校教育において、身体に対する侵害や肉体的苦痛を与える懲戒としての体罰が容認されるということ、その種の暴力の権限が教員に分与されるということは、つまりそのようなことなのである。

以上の通り、学校教育において体罰はなじまないとする結論は、三者ともに一致する。しかしながら先にも述べた通り、この結論以上に重要な点は、学校教育において日ごと繰り返される体罰なる事象の読み直しを通じて、私たちが立脚する近代公教育のありようを振り返り、そのありかたを問うまなざしをあらためて紡ぎ出すことにある。

注

（1） 第三章第四節第一項を参照されたい。
（2） 第三章第四節第二項を参照されたい。
（3） 朝日新聞（夕刊）、二〇一三年一二月一三日、一五頁。

第三節　体罰の思想の「その先」にある課題

渡部芳樹

第一項　体罰の思想とその問題

「学校教育にとって体罰とは何か」という問いは、「体罰はいかに根絶されうるか」や「体罰はいかに許容されうるか」といった体罰問題にまつわる方法論をめぐる問いに先立つ、学校教育における体罰のありようそのものを問い直す問いである。この問いは同時に、「体罰にとって学校教育とは何か」という、「体罰」を通じた学校教育のありかたを根源的に問い直す問いを投げ返すものである。

この問いの下、先の第三章では、学校教育における体罰の思想を吟味し、その問題と克服の途を明らかにした。本節ではそのおさらいをしつつ、「その先」にあるいくつかの課題、すなわち「体罰の思想の矯正」をめぐる課題と「体罰の共犯性」をめぐる課題について若干の指摘をおこなう。

さて、第三章においてさしあたり吟味した点は、体罰の思想性とそれを取り巻く問題、すなわち体罰にまつわるいわば心の靄《もや》の問題である。

〈体罰の思想性〉

体罰は思想である。あるいは、体罰は思想性をおびた行為である。もしそうであるならば、体罰は、単に根絶されさえすればそれで済むという類の問題ではない。

ある種の暴力に訴える体罰は、思慮深い行為ではないばかりか浅はかで野蛮な行為である、まして思想性などかけらもない行為であるとされる向きがある。しかしながら、ある教員が体罰を下すとき、そこに当の教員の一時の衝動や激情あるいは利己的な欲求を超えた、ひとまとまりの意味や思いが込められることが少なくない。それが、児童生徒の反骨精神や克己心の喚起をねらいとする場合もあれば、児童生徒との「真の」信頼関係の醸成をねらいとする場合もある。あるいはまた、しつけなどにもみられるような道徳的啓発をねらいとする場合もある。

そこに込められる思いがいかなる意味や思いを有するかはさておき、思想というものが少なくとも、単なる気まぐれの域を超えた、社会的行為に底流するひとまとまりの考えを意味するならば、体罰はある種の思想（thought）であるといってよい。

もし体罰が、単なる思慮なき野蛮な行為であるならば、体罰の是非についてそれほど深く考える必要はない。体罰は、根絶されさえすればそれで済む話かもしれない。しかしながら、体罰がある種の思想性を帯びた行為であるからこそ、そのありようは、つぶさに吟味されねばならない。

〈心の靄の問題〉

体罰の思想をめぐる問題の一つとして、体罰にまつわる心の靄の問題がある。それは、体罰にまつわるある種の「やり切れなさ」や「とまどい」が、まるでつかみどころがない靄のように教育現場を覆う問題であるといってよい。

昨今、体罰をめぐる社会的関心は高まる一方である。しかしながら、その関心はきわめてヒステリックな方向へと向かっているようにみえる。それは、絶対悪である体罰の徹底的排除や、体罰教師の性悪さや非人道性の糾弾といった、極端で過激な方向である。むろん、ここで無邪気に体罰を容認するつもりはない。しかしながら、教育現場に向けられた過度にヒステリックな視線や態度は、体罰の思想をきわめていびつな形で、教員の心の奥底に押し込めさせることになりはしないか。あるいはまた、体罰の事実をかえって隠蔽させることになりはしないか。

このような懸念はまるでつかみどころがない靄のように、教育現場に「やり切れなさ」や「とまどい」を蔓延させているようにみえる。なぜ体罰を下してはならないのか、とりわけ体罰が禁止される教育（学）的な根拠がいまいちはっきりとせぬまま、あるいはさせられぬまま、体罰という行為のみがやみくもに禁止されるならば、教育現場にやり切れなさやとまどいが蔓延してもさして不思議ではない。それは、教育にたずさわる心身のありようがまるで引き裂かれた状態にあるようである。

ところで、教育現場を取り巻くこのような心の靄は、学校教育における体罰の思想のいかなる側面から生ずるものであるか。

〈教育的効果の観点〉

教育現場を取り巻くこの心の靄は、体罰肯定論と体罰否定論がせめぎ合うある観点から生じているようにみえる。その観点とは、両者が共有する「教育的効果」の観点である。

学校教育法第一一条但書の「体罰を加えることはできない」という文言が周知され、体罰の違法性が認識されているにもかかわらず、体罰は学校教育の一角において「暗黙の了解」や「必要悪」として存続し続けている。体罰は一向におさまる気配がない。

問題となるのは、体罰の動因である。教育現場は、体罰のいかなる点に惹きつけられているのか。体罰肯定論はいかなる観点から体罰を肯定ないし容認し、また他方で、こうして肯定ないし容認され、行使され続ける体罰に対して、体罰否定論からはいかなる批判がなされているのか。

学校教育における、あるいは学校教育に対する体罰肯定論の主たる根拠は、体罰の「教育的メリット」である。すなわち、児童生徒の「精神の鍛練」という点においても、児童生徒との「信頼関係の醸成」という点においても、あるいはまた、「しつけ」という点においても、体罰には教育的メリットがあるということである。この観点の下、法の下に禁じられようとも、教育的メリットがあればこそ、体罰は「暗黙の了解」や「必要悪」として、学校教育の内に存続し続けることになる。

他方、体罰否定論の主たる根拠は、体罰の「教育的デメリット」である。すなわち、体罰には教育的メリットが皆無であるか、あるいは逆効果であるという観点から、体罰が否定される。児童生徒の指導死を招くなど「過剰指導」であるという点においても、児童生徒の「暴力の温床」になるという点においても、あるいはまた、学校・児童生徒・家庭の「信頼関係の損失」という点においても、体罰には教育的デメリットがあるということである。

ところで、一見、相対立するかにみえるこの体罰肯定論と体罰否定論であるが、実は、両者はある観点を共有している。すなわち、体罰をめぐる「教育的効果」の観点である。それは、体罰の是非を教育的効果の有無から問う観点である。

その意味において、以上の体罰肯定論と体罰否定論は親和的である。この両者は実のところ、教育的効果の観点から体罰なる事象を表象したうえで、そのメリットあるいはデメリットをめぐって対峙しているに過ぎない。すなわち、学校教育における体罰のありようを教育的効果の観点から表象し、意味づけをおこなうという意味においては、以上の体罰否定論と体罰肯定論は実に親和的なのである。

そして、この両者が共有する体罰をめぐる教育的効果の観点こそ、教育現場を取り巻くこの心の靄のいわば発生源である。なぜか。

〈教育的効果の観点から近代公教育の原理の観点へ〉

教育的効果の観点から学校教育における体罰の是非を問うたとしても、結局のところ、漠然とした雲をつかむような答えしか見出すことができない。ここに、教育現場を取り巻く心の靄が生ずる禍因がある。

体罰には教育的メリットがあるか、あるいはデメリットがあるか。

実のところ、私たちはこの問いに端的に答えることはできない。というのも、体罰の教育的メリット、あるいはデメリットについては、きわめて状況依存性が高いからである。平たくいえば、「体罰には教育的メリットがあるか、あるいはデメリットがあるか」については、場合による（case by case）としか答えようがない。個別の事例については先の第三章を参照されたいが、私たちを取り巻く状況はきわめて多様かつ流動的であるゆえ、体罰の教育的効果もきわめて多様かつ流動的にならざるをえない。体罰が功を奏す場合もあれば、体罰が悪い結果をもたらす場合もある。

このように、教育的効果の観点から表象される体罰のありようは、その是非の根拠がきわめて不明瞭にならざるをえない。だからこそ、体罰にまつわる「やり切れなさ」や「とまどい」は、この「体罰には教育的メリットがあるか、あるいはデメリットがあるか」という問いの前提となる、体罰をめぐる教育的効果の観点に一因するといってよい。つまり、体罰問題に対する私たちの問いの誤謬が、教育現場に靄を生じさせる禍因であるということである。

したがって、学校教育における体罰をめぐる観点について、私たちは根源的に読み直しをおこなう必要がある。

学校教育における体罰をめぐる体罰の教育的効果の観点に代わる観点としてここに提示される観点は、「近代公教育の原理」の観点である。それは、教育の自由と平等をめぐる観点である。すなわち、ここには「体罰には教育的メリットがあるか否か」という問いから、「体罰は近代公教育の原理上、容認されうるか否か」という問いへの転換がある。

近代公教育とは、要するに学校教育を意味するが、この学校教育とは、学校という計画的かつ組織的な教育機関においておこなわれる教育の全体であり、それは教育の自由と平等に立脚するものである。このことは、例えば、近代公教育の巨匠たるコンドルセの言をあらためて俟つまでもなく自明である。

そして、この近代公教育の原理の観点から体罰を表象し、意味づけをおこなうとき、私たちはもはや学校教育における体罰に対して、靄のかからぬ明瞭な判断がなされることも、また自明である。「体罰は、児童生徒の自由を保障する行為であるか」という近代公教育の原理の観点からの問いこそが、学校教育における体罰の是非を問う最終的な問いであり、「学校教育では、他者の自由をあからさまに侵害する行為である体罰は容認されえない」という答えこそが、学校教育における体罰の是非をめぐる明瞭かつ最終的な答えである。

第二項　体罰の思想の「その先」にある課題

さて、第三章にて吟味した体罰の思想をめぐる問題については以上である。体罰の思想とその問題の吟味を通じて、学校教育における体罰をめぐる教育的効果の観点から近代公教育の原理の観点への転換を提案した。

本項では、体罰の思想の「その先」にあるいくつかの課題について、若干の指摘をおこなう。一つは「体罰の思想の矯正」をめぐる課題、もう一つは「体罰の共犯性」をめぐる課題である。

〈体罰の思想の矯正〉

体罰の思想の「その先」にある課題として一つあげられるのは、「体罰の思想の矯正」をめぐる課題である。

学校教育において体罰が厳に禁じられるとき、また教育現場における体罰に対してヒステリックな批判がなされるさなか、体罰肯定の思想は矯正されてしかるべきか。とりわけ、体罰の「教育的メリット」を掲げる思想は、はたして矯正されるべきか。それはまさに、体罰が思想性を有する行為であるからこそ問われる点である。

結論を先取りしていえば、体罰肯定の思想はやみくもに矯正されるべきではない。とりわけ、体罰の教育的メリットを掲げる思想は、矯正されるべきではない。

先に触れた通り、体罰の教育的効果は、きわめて状況依存性が高い。平たくいえば、「体罰には教育的メリットがあるか、あるいはデメリットがあるか」については、場合によるとしか答えようがない。したがって、体罰には教育的メリットがあるという考えは、場合によれば誤りではない。

学校教育における体罰撲滅に乗り出した日本体育大学は、二〇一三年に「反体罰・反暴力宣言」を表明した。学校教育における体罰の撲滅に乗り出した。いうまでもなく日体大は、保健体育の教員のみならず部活動における優れた指導者を排出する大学であり、教育現場における体罰にはことさら大きな関心と責任とをもつ。この「宣言」について谷釜現学長は、新聞紙面にて、「従来の育成システムでは、体罰や暴力を排除することを一義的に求めるように組み上げられていなかった」ことを認めたうえで、「現状では、スポーツの指導者はいつでも暴力をふるう可能性を持っているという性悪説に立って考えていかねばならない」と、体罰に向き合う今後の姿勢を表明した。(1) この言は、学校教育における体罰に対する毅然とした態度を示すものである。

他方で、この言の理解について一抹の不安を感じずにはいられない。ここで毅然と立ち向かい「一義的に排除することを求める」対象が、体罰という「行為」であるのか、あるいは体罰を肯定する「思想」であるのかについては、必ずしも明確ではないからである。しかしながら、先にも述べた通り、体罰の教育的効果はきわめて状況依存性が高いゆえ、体罰には教育的メリットがあるという考えは場合によれば誤りではない。

問題となる点は、少なくとも学校教育において、この教育的効果の観点、つまり体罰には教育的メリットがあるという考えの下に、実際に体罰が下される点である。たとえ何らかの教育的メリットがあるにせよ、「自由の保障」を基礎とする近代公教育の原理の下、学校教育における体罰は一切容認されえない。この点は、まずなにより重要である。

したがって、自ずとたちあらわれる次なる重要な点は、体罰肯定の思想、とりわけ、体罰の教育的メリットを掲げる思想それ自体は、矯正されるべきではないという点である。繰り返すが、体罰の教育的効果はきわめて状況依存性が高いゆえ、体罰には教育的メリットがあるという考えは、場合によれば誤りではないからである。

再考されるべきは、体罰が禁止される教育（学）的な根拠へのまなざしである。すなわち、第三章と同様に、ここでも「体罰には教育的メリットがあるか否か」という問いから「体罰は近代公教育の原理上、容認されうるか否か」という問いへの転換が、まさに教育現場に求められる課題なのである。

〈体罰の共犯性〉

体罰の思想の「その先」にある課題としてもう一つあげられるのは、「体罰の共犯性」をめぐる課題である。

体罰を下している者は、はたして誰か。この問いは、体罰のいわば共犯性とその課題をあぶり出す契機を与える問いである。

二〇一二年の暮れに大阪市立桜宮高校で起こった体罰自殺事件は、翌年九月二六日の判決により、刑事事件としてはひとつの区切りをむかえた。同校のバスケットボール部キャプテンだった男子生徒に暴行を加えたとして、傷害と暴行の罪に問われた元教諭に対し、大阪地方裁判所は、懲役一年、執行猶予三年の判決をいいわたした。むろん、この事件において実際に体罰を下したのはひとりの教員であるし、この裁判において判決が下されたのも同じひとりの教員である。このような意味において、この体罰の一件は、ある特定の教員によってなされた、いわば単独犯であるといってよい。

この事件にとどまらず、学校教育における体罰の大半が単独でおこなわれる場合が多いことは、およそ理解されよう。しかしながら誤解を恐れずにいえば、そのひとりの教員によって下される体罰のいわば恩恵にあずかる者は、その教員の背後に数多存在するのではないか。その者とは児童生徒の保護者であるかもしれないし、同僚の教員であるかもしれないし、周囲の、あるいは進学先の学校の教員であるかもしれない。例えば、学生の集中力が散漫になり講義中の私語がいささか目立つさいに、私が「静かにせよ」と一喝しただけで元の静寂を取り戻すのは、学生らが受けたかつての体罰の記憶によるのかもしれない。少なくともそれが、学生が受けたかつての体罰と一切関係がないとは、必ずしもいえない。

その場合に私は、たとえ無自覚的にではあるとはいえ、かつて下されたかもしれないある教員の体罰に、いわばタダ乗り（free ride）している、あるいはさせられていることになる。このように、体罰の構造は複雑である。体罰は、ある特定の教員による権力的な行為であるというよりも、それに強く、あるいは弱く関係する者も巻き込み、体罰なる権力的な行為のネットワークを形成している。そのとき私は自覚的にであれ無自覚的にであれ、その一連の体罰のネットワークを構成するいわば共犯者となろう。

学校教育における体罰のこのような共犯性は、ミシェル・フーコーの権力論を想起させる。もはや持ち出すまでもないかもしれないが、フーコーのいう「権力」とは、まさに無自覚のうちに私たちを巻き込み規律するそのような力の全体をさすものであり、実際に行使される抑圧的な力それ自体をさすものではない。あるいは、権力とは、単に上から下へ単一方向的に行使される力ではなく、重層的・複合的に複雑に絡み合う、まるで網の目（web）のような構造をもって行使され、あるいはさせられる力をさす[2]。

体罰が、このように実際に行使される抑圧的な行為それ自体をさすものではなく、学校教育や、ひいては社会生活全体にわたって重層的・複合的に複雑に絡み合う、網の目のような構造をもって行使され、あるいはさせられる行為をさすとき、体罰は、ある種の共犯性を有する行為であるといえる。そして、もし体罰がある種の共犯性を有するならば、体罰問題はもはや、ある特定の体罰教員を罰することのみで解決されるものではない。あるいはまた、体罰問題はもはや、俯瞰的な免責された立場から批判することを許されるものではない。

体罰を下している者は、はたして誰か。学校教育における体罰の共犯性にかんがみれば、体罰問題は、まさに「私」自身が密接に関与する学校教育全体の問題として、ひいては社会生活全体の問題として受容されねばなるまい。

さて、学校教育における体罰の思想を吟味し、その問題と克服の途を明らかにしつつ、「その先」にあるいくつかの課題について若干の指摘をした。その課題とは、体罰の思想の矯正および体罰の共犯性をめぐる課題である。これらはいずれも、体罰をめぐる今後の学校教育のありかたを考えるうえで、注目すべき課題であるといえよう。

体罰の思想の矯正については先の第三章における吟味の通り、体罰の教育的効果はきわめて状況依存性が高いゆえ、体罰には教育的メリットがあるという考えは場合によれば誤りではないこと、したがって、体罰肯定の思想は、やみくもに矯正されるべきではないことを指摘した。また、体罰の共犯性については、体罰が実際に行使される抑圧的な行為それ自体をさすものではなく、学校教育や社会生活全体にわたって複雑に絡み合う網の目のような構造をもって行使され、あるいはさせられる行為をさすものであること、したがって体罰は、共犯性を有する行為であることを指摘した。これらの指摘が暗示する点は、学校教育の体罰をめぐる問題からの教員の救済である。体罰をめぐる問題において、まず救済されるべきは児童生徒であることは間違いない。むろん、教育現場の体罰から児童生徒を救済する手立てについてはさらに吟味せねばならない。だが、この体罰をめぐる問題から救済されるべきは児童生徒だけではない。以上の体罰の思想の矯正および体罰の共犯性をめぐる課題にかんがみれば、体罰をめぐる問題に数多の教員が関与せざるをえないことは明らかである。それゆえに、教員ひとりひとりもまた、学校教育の体罰をめぐる問題から救済されねばならない。

体罰は、教員と児童生徒の間に暗い影を落とすだけではない。それは教員と教員の間、ひいては教育現場全体に暗い影を落とし、鬱陶しい靄を生じさせるものであるから。

注

（1）朝日新聞（朝刊）、二〇一三月三月一日、一八頁。

（2）特に、M・フーコー、『監獄の誕生—監視と処罰—』（*Naissance de la prison, Surveiller et punir*）、新潮社、一九七七年を参照されたい。

《コメント》

私も体罰の「共犯者」

鈴木麻里子

かつて教育を受ける立場だった頃、つまり小学生、中学生、高校生、大学生と学校教育を受けていた立場であった頃、私にとって「教師」と呼ばれる人は絶対的な存在感を放っていた。おそらくその感覚は私だけのものではなく、多くの人にとって共通の感覚だと捉えている。だがしかし、その「教師」たちを「尊敬」していたか、と問われると残念だが必ずしもイエスではない。教師とは、教室の中の「権力者」だ。そして「権力者」は得てして「尊敬」の対象者にはならない。

翻って、時を経て私自身が教育を提供する立場となった今、私は「権力者」である自覚があるだろうか。これも残念なことだが、まったくもってその自覚はない。仮に自覚があったとしても、かつて私が「教師」に対して感じていた存在感を発せられているほどの「権力」を行使している自覚はない。おそらく、かつて私を指導していた教師たちも、自らが「権力者」である自覚はなかったであろう。

教師と子供たちとの間にあるこのギャップは、埋まることはないように思える。そう思った時、

「私も体罰の共犯者かもしれない」という想いに到った。渡部の主張は、すべての教師にその〈共犯性〉の自覚を促している、少なくとも私にはそう捉えられた。

教師の存在感は、子供たちに安心感を与え、拠り所にもなろう。しかし、それはまた、裏を返せば恐怖心と忌諱の対象にもなり得るということである。子供の視点に立てば、教師の持つこの二面性こそが「権力」そのものではなかろうか。

日本において近代公教育制度が導入された明治期から戦後直後まで、教師は「師範学校」で養成されてきた。明治十九年に公布された師範学校令第一条の但書には「生徒ヲシテ順良信愛威重ノ気質ヲ備ヘシムルコトニ注目スヘキモノトス」と書かれている。「順良信愛威重」が我が国の教員にとって必要な資質とされてきた。なお現代において教員養成は大学で行うこと、開放制で行うこと、という二大原則があり、教師の基本的資質をそのようには位置づけてはいない。

かつて、「順良信愛威重」の資質を備えた教師たちは、「聖職者」とも呼ばれていた。想像でしかないがその当時は「権力」＝「尊敬」の図式が成り立っていたのではないだろうか。これが戦後の教育改革で教師の役割も大きく変更される中、その図式にも変化がもたらされたのではなかろうか。当時の教師が「聖職」であるなら、現代の教師は「高度な専門職」である。もし、「聖職」であるならそこには「権力」も「尊敬」も容易に構築できそうであるが、「専門職」の場合、「権力」とはどのように構築すべきであろうか。そして子供たちに対し、その「権力」をいかに行使し、さらにはコントロールしたらよいのだろう。明治期以降、子供側が感じ取っている教師の「権力」（あるいは「存在感」）は、その内容に大きな変化はないと思われる。むしろ自身の「権力」に対する態度が変わったのは教師の方ではなかろうか。子供たちが感じているはずの教師の「権力」や「存在感」に対して、教師自身が無自覚であること、これが体罰の〈共犯性〉を生み出しているのかもしれない。私も体罰の共犯者となっている可能性がある。

《コメント》

「思想としての体罰」と「法」

前田　聡

第四章第三節およびその前提となる第三章につき、第四章第二節筆者（「第二節筆者」）の立場から若干のコメントを試みる。第二節筆者が特に注目したいのは次の三つの論点、すなわち（一）「体罰の思想性」という論点、（二）「教育的効果の観点」から「近代公教育の原理の観点」への「転換」という論点、そして（三）「体罰の思想の矯正」という論点である。

（一）「体罰の思想性」について

渡部は、「体罰は思想である」、すなわち「体罰は思想性をおびた行為であ」り、したがって「体罰は、単に根絶されさえすればそれで済むという類の問題ではない」と指摘する。

この点に関連して、第二節筆者の立場から若干の指摘を行いたい。それは、第三章が「体罰をめぐる観点」の分析を行う中で指摘した、「体罰否定論」を支える観点としての「体罰の違法性」という論理の「陥穽」についてである。

この主張は、仮に学校教育法（以下「学教法」）が改正され、学教法一一条但書が削除されるような事態が招来したならば、ただちに説得力を失う。つまり、「法律が禁止しているから」という論法は、実際上はともかく、理論的にはそれほど有効な論拠ではない、ということを確認しておかねばならない。

このことは、見方を換えると次のようなことを意味しているといえる。すなわち、学教法一一条但書の存在はそれ自体が「目的」ではなく、体罰を禁止することによって得られる「理想」ないし「目標」を達成するための「手段」であると。体罰禁止規定の命ずるところを実現することが目的なのではなく、体罰禁止規定の命ずるところを実現することによっていかなる理想ないし目標を達成したいのかが問われるわけである。

渡部は、「なぜ体罰を下してはならないのか、とりわけ体罰が禁止される教育（学）的な根拠がいまいちはっきりとせぬまま、あるいはさせられぬまま、体罰という行為のみがやみくもに禁止される」ことによって「教育現場を取り巻く……心の靄」が生じると指摘する。「法律が禁止しているから」という論法は、まさに「根拠がいまいちはっきりとせぬまま……体罰という行為のみが禁止される」という論理に他ならない。学教法一一条但書の解釈を精緻化するためにも、また、教育実践上の問題として「心の靄」を晴らすためにも、「体罰を禁止することによっていかなる害悪を防ごうとしているのか」、そして「体罰を禁止することによっていかなる『教育』を実現しようとしているのか」が不断に問われなければならないはずである。

（二） 観点の転換について

渡部は、体罰の観点を転換する必要性を主張する。すなわち、体罰が「きわめて状況依存性が高い」ものであることから、従来の「体罰肯定論」と「体罰否定論」が共有する「教育的効果」の観点から体罰を論じる限り、「漠然とした雲をつかむような答えしか見出すことができない」とし、「学校教育における体罰をめぐる体罰の教育的効果の観点」に代えて、「教育の自由と平等にまつわる観点」である「『近代公教育の原理』の観点」から「読み直す」必要があると説く。教育的効果の観点から体罰を論じる限り、体罰は肯定することも否定することも可能である、ということが、おそらくは重要な問題点であり、それゆえに、教育的効果の観点から離れて論じる必要がある、ということであろう。

第二節筆者も、渡部による、体罰をめぐる問いのこのような立て直し方に同意する。第二節筆者は、福岡地裁平成八年三月一九日判決における「教育的効果の不測性は高く、人格形成に悪影響を与えるおそれが高い」という一節に着目し、「やってみなければ『裏目』に出るかどうかわからない」という手法を懲戒の手法として採用するべきではないことを、現行の教育法制のあり方と結びつけながら論じた。渡部と第二節筆者とは、その切り口は異なるものの、同じ方向を指向するものであると考えることが許されよう。

この点につき、強いて述べるならば、次の点を付言しておく。体罰をめぐって肯定、否定の両論が生じること自体が、体罰という行為のもつ潜在的な危険性を示しており、それゆえに近代公教育のシステムにおける体罰による懲戒は排されるべきなのだ、ということである。

(三)「体罰の思想の矯正」について

渡部は、「体罰の思想の『その先』にある課題の一つ」として、「体罰の思想の矯正」という論点を提示する。

率直にいって、この論点は実に悩ましい。第二節筆者も今後、この問題を検討すべき課題として受け止めるという意味を込め、この論点について思いつくままに所感を述べていく。

渡部は、「体罰の教育的効果はきわめて状況依存性が高い」ことから、「体罰には教育的メリットがあるという考えは、場合によれば誤りではな」く、したがって、「体罰肯定論それ自体は、矯正されるべきではない」と指摘する。

一般に、ある「思想」が「誤り」であるといえるか否か、その判断は大変困難な問題であるといえよう。渡部が指摘するように、体罰が状況依存的なものであり、場合によっては有効であり得るとするならば、「体罰」という「思想」を単純に「絶対悪」として排することは、それほど容易なことではないように思われる。

しかし、第二節筆者には、ここで疑問がよぎる。果たして、「体罰」を否定するはずの近代公教育の原理を基礎とする今日の学校教育を支える教員は、「体罰」を「肯定」する思想を奉ずることができるのだろうか。換言すると、学校教育を担う「専門職」たる教員に、かかる思想を有する自由は「原理」的にありうるのだろうか。

この点に関連し、第二節筆者には、ある教育法学者が、学校における入学式・卒業式等で「君が代」を斉唱する際、教員らに起立を義務づける職務命令について論じる中で、次のように述べていることが想起される。すなわち「教育活動において、教師は、自明なことではあるが、市民的自由の行使として教育を行っているのではなく、子どもの学習権を保障するために認められた職能的自由である教育の自由を行使している」[1]と。この主張を踏まえ考えるならば、教員の教育のあり方には、「子どもの学習権を保障するために認められた職能的自由」にいわば内在するかたちでの制限の可能性もあり得よう。果たして「職能的自由」に、「体罰」を「肯定」する「思想」を有する自由は包含されうるのだろうか。

以上の点は、日本国憲法一九条が「思想及び良心の自由は、これを侵してはならない」として、思想・良心の自由を保障していることとの関係で、極めて微妙な問題を内包しているといえるだろう。第二節筆者には「体罰の思想の矯正」という論点について、少なくとも現時点において確たる定見を示すことができず、さしあたり、渡部が提示した論点は、法律論としても検討する必要性が高い問題であるということを指摘するにとどまらざるを得ない。

注

(1) 市川須美子、「教師の日の丸・君が代拒否の教育の自由からの立論」、『法律時報』八〇巻九号、二〇〇八年、七二頁。

あとがきと謝辞

「体罰はいけない。」「体罰はよくない。」

世間ではいわば「自明」のように語られるこの命題は、しかし、他方で批判される対象ともなっている。そして何より、少なくとも法律上体罰は禁止されているにも関わらず、現実には体罰が行われ、黙認、場合によっては積極的に容認されているといっても過言ではないという実態が存在している。

私たちは、このことをいかに受け止め、そして、どのように考えていけばいいのだろうか。

本書の基礎となる共同研究に着手した筆者ら三人は、まずこの問題と格闘することとなった。

その結果、本書「はじめに」にもあるように、体罰とは「近代公教育」の、まさに「おとしあな＝陥《かん》穽《せい》」なのではないか、という「直観」に至るまでに、そう時間はかからなかった。

「体罰」が「近代公教育の陥穽」だとすれば、この「陥穽」に落ち込んでしまったのは、被害者生徒だけではなく、「加害者」である教員、その周辺にいる教員や生徒、さらには「体罰」問題に直面して、「体罰の是非」を議論する社会全体なのではないか。そうであるならば、その「陥穽」から、私たちが抜け出す方法を考えなければならないはずである。その方策は何か。本書では、その方策をできる限り示してみるよう努めてみたつもりである。第一章から第三章において、筆者らはそれぞれの見地から、「陥穽」としての「体罰」の問題点を明らかにしようと試みるとともに、第四章において、その「陥穽」を克服する方策を提示するように努めた。あわせて、第四章においては、相互の試みの意義や限界、問題点を明確化するために、それぞれの論稿のあとに他の筆者らの「コメント」を付すこととした。このような構成を採ったのも、教育行政学、教育哲学、そして法学という、それぞれに異なる「ものの見方・考え方」を身につけた研究者のまなざしを交差させることを通じて、多角的、多面的に、「陥穽」としての「体罰」の問題性を明らかにし、克服する試みを具体化しようとしたからにほかならない。

もちろん、こうした試みもまた、筆者らの能力上の限界などにより不十分なものであることは、否定できない事実であろうと考える。

だが、そうであっても、私たちは声を大にして訴えなければならないことがあると信じている。それは、単純に「加害者」とされる個々の教員の法律違反や暴力性や指導力不足を非難し、学校組織の管理監督能力の欠如をあげつらい（「ガバナンスの強化」!）、体罰に傷つき、ことによっては命を落とした生徒にただただ同情と憐憫のまなざしを向けるだけでは、私たちがはまり込んでしまった「近代公教育の陥穽」を脱することは、おそらく、いや、ほぼ確実に不可能であろう、ということである。体罰を生み出してしまう「構造」そのものを可視化、問題化し、それと真正面から向き合って、克服することが求められているはずである。

先に、筆者らが本書で行った「陥穽」から抜け出す方策を探す努力は不十分なものであることは否定できないと述べた。

しかし、あるいは、それゆえに、本書を手にしてくださり、目を通してくださった読者の方々にお願いしたいことがある。

それは、ぜひ「近代公教育の陥穽」である「体罰」を乗り越える方策を、読者の方々お一人おひとりにも、考えてみていただきたいということである。私たちが落ち込んでしまった、この「おとしあな」は、深いものであり、そして、暗い闇に包まれている。そこから這い出し、それを克服する方策を、ともに考えるきっかけとして、本書を活用していただきたい。なぜ、体罰は禁止されているのか。なぜ体罰による処分はこれまで相対的に軽いものとされてきたきらいがあるのか。そして、私たちは体罰をどのようなものとして認識してきたのか。

ともすれば、見落としがちな、考え過ごしてしまうような、そんな問題をひとつひとつ、立ち止まって考え、「体罰を読み直す」。そして「読み直」し、考え直してみた結果を、だれかとともに語り合う。おそらく、そうした地味で地道な営みの先にしか、「おとしあな＝陥穽」を乗り越える方策は見出し得ないように思われる。

その営みの契機の一つとして、本書を活用していただけるとするならば、筆者らにとって、これにすぎる喜びはない。

いうまでもないことだが、本書が成るに際しては、数多くの方々のご助力を賜った。とりわけ、本書の筆者三人の奉職先である流通経済大学からは、本書刊行に際し、流通経済大学学術図書出版助成の交付を受けた。ここに記して、助成にあたって審査の労を執っていただいた審査委員の先生方をはじめとして、筆者らに良好な研究環境と研究成果を公表する機会を確保してくださった流通経済大学の皆様に感謝申し上げる。専攻分野はもちろん、所属学部も異なる筆者らが、おおむね月一回の研究会を中心として日常的に意見交換しながら本書のような成果をまとめ上げることは、流通経済大学の知的環境なしには難しかったに違いないからである。

出版に際しては、流通経済大学出版会、ことに齊藤哲三郎事業部長、長友真美さんに万端のお世話をいただいた。この場で深く御礼申し上げたい。

二〇一四年一〇月

流通経済大学龍ヶ崎キャンパスにて

筆者を代表して　前田　聡

【著 者 紹 介】

鈴木麻里子（すずき　まりこ）（執筆担当：第１章、第４章第１節）

流通経済大学スポーツ健康科学部准教授（専攻：教育行政学）

主要著書・論文：「『体罰』に関する行政処分について―桜宮高校体罰問題を境に変容する『体罰』概念―」流通経済大学スポーツ健康科学部紀要Vol.7 (2014年)、「学校における社会福祉メンタリング発展の可能性―英国メンタリング政策をもとに」日英教育学会『日英教育研究フォーラムVol.17』(2013年)、内海﨑貴子編著『教職のための教育原理』八千代出版（2014年、第１章「教育をめぐる現代的課題１：社会と子ども」、第14章「教育行財政」担当）など。

前田　　聡（まえだ　さとし）（執筆担当：第２章、第４章第２節）

流通経済大学法学部准教授（専攻：憲法学）

主要著書・論文：「学校教育法が禁止する『体罰』とは何か」流通経済大学法学部流経法学13巻２号（2014年）、村田彰＝植村秀樹編『現代日本のガバナンス』（流通経済大学出版会、2011年、第４章「インターネット上の名誉毀損と『対抗言論』」担当）など。

渡部　芳樹（わたべ　よしき）（執筆担当：第３章、第４章第３節）

流通経済大学経済学部准教授（専攻：教育哲学・教育思想史）

主要著書・論文：「学校教育における体罰の思想―体罰をめぐる観点の分析を通じて―」流通経済大学論集48巻４号（2014年）、石田美清編著『子どもと教師のための教育原理』保育出版社（2010年、共著）、「教育における『家庭（home）』概念の可能性―J.デューイの教育実践に対するJ.R.マーティンの批判的論考を手掛かりとして―」男女共同参画社会の法と政策研究年報４号（2007年）など。

近代公教育《きんだいこうきょういく》の陥穽《かんせい》〈おとしあな〉
—「体罰」を読み直す—

発行日　2015年2月6日　初版発行
著　者　鈴木麻里子・前田　聡・渡部　芳樹
発行者　佐　伯　弘　治
発行所　流通経済大学出版会
〒301-8555　茨城県龍ヶ崎市120
電話　0297-64-0001　FAX　0297-64-0011

Printed in Japan/アベル社
ISBN978-4-947553-62-1 C3037 ¥2000E